# 墨子精神研究

刘丽琴 ◎ 著

黑龙江人民出版社

图书在版编目(CIP)数据

墨子精神研究 / 刘丽琴著. — 哈尔滨：黑龙江人民出版社, 2019.2
ISBN 978-7-207-11783-0

Ⅰ.①墨… Ⅱ.①刘… Ⅲ.①墨翟(前468-前376)—哲学思想—研究 Ⅳ.①B224.5-53

中国版本图书馆 CIP 数据核字(2019)第 032796 号

责任编辑：张广博　孙国志
封面设计：欣鲲鹏

### 墨子精神研究
刘丽琴　著

| 出版发行 | 黑龙江人民出版社 |
| --- | --- |
| 　 | 地址　哈尔滨市南岗区宣庆小区1号楼（150008） |
| 　 | 网址　www.hljrmcbs.com |
| 印　　刷 | 永清县晔盛亚胶印有限公司 |
| 开　　本 | 880×1230　1/32 |
| 印　　张 | 4.125 |
| 字　　数 | 100 千字 |
| 版次印次 | 2019年2月第1版　2021年6月第2次印刷 |
| 书　　号 | ISBN 978-7-207-11783-0 |
| 定　　价 | 26.00 元 |

版权所有　侵权必究　　　　举报电话：(0451)82308054
法律顾问：北京市大成律师事务所哈尔滨分所律师赵学利、赵景波

# 前　言

　　墨翟，尊称墨子，墨家学派创始人，生卒年月已无可考。学界一般认为墨子生于公元前476年左右，卒于公元前390年左右。墨子生活于春秋战国之际，其曾担任宋国大夫，与鲁国、宋国有着比较深的渊源。墨子师于儒者，学习孔子的儒学，因为对儒学中的厚葬久丧和奢靡礼乐等华而不实的不满，"故背周道而行夏政"，创立了自己的理论体系，即墨家学派。

　　墨子是一个有文化知识，又比较接近工农小生产者的士人，同时还是个手工技艺精湛的工匠，因此，墨子自称"北方之鄙人"（《吕氏春秋·爱类》），自诩说"上无君上之事，下无耕农之难"，是一个同情"农与工肆之人"的士人，被人称为"布衣之士"（《吕氏春秋·博志》）和"贱人"（《渚宫旧事》）。墨子是一位享有盛名的平民思想家，是由庶民上升而成的士。

　　面对礼崩乐坏，社会失序的社会现实，墨子把兴邦治国、救世济民作为最高目标，提出自己的主张，意图整合失序的社会，探索新的出路，以构建"兼相爱，交相利"的理想社会。由于墨子特殊的身份和地位，大批的手工业者和下层士人开始追随墨子，为此，墨子广收门徒，亲信弟子达数百人之多，墨子和他的弟子们"日夜不休，以自苦为极"，长期奔走于各诸侯国之间，宣传他的政治主

张,形成了声势浩大的墨家学派。墨学在当时影响很大,在思想纷呈、百花齐放的战国时期占据显赫地位,其与儒家学派分庭抗礼,成为和儒家相对立的最大的一个学派,并列为"显学",在当时的百家争鸣中,有"非儒即墨"之称。

墨子作为中国战国时期著名思想家、政治家、军事家、社会活动家和自然科学家,提出了"兼爱""非攻"等观点,《墨子》一书是由他的弟子及再传弟子所编。墨学的学说在当时影响很大,与儒家并称"显学"。他主张"兼爱""非攻",提出"尚贤""尚同"的政治思想,主张从天子、诸侯、国君到各级里正、亭长,都要选择"天下之贤可者"来充当;而人民则要服从君上,做到"一同天下之义",天下人都要相亲相爱,反对强凌弱的战争。他的思想中的合理因素为后来的唯物主义思想家所继承和发展,其神秘主义的糟粕也为秦汉以后的神学目的论者所吸收和利用。作为先秦墨家的创始人,墨子在中国哲学史上产生过重大影响。墨子在上说下教中,言行颇多,但无亲笔著作。今存《墨子》一书中的《尚贤》《尚同》《兼爱》《非攻》《节用》《节葬》《天志》《明鬼》《非乐》《非命》等篇,都是其弟子或再传弟子对他的思想言论的记录。这是研究墨子精神的重要依据。墨者们短衣草鞋,穿着黑色的服装,行进在中国的中原土地上,却在称雄学坛数百年后,神秘地消失在文化的视野中。作为先秦百家中"显学"之一的墨学,在秦汉后却渐渐衰微,几近湮灭。然而,墨子精神在中华民族传统文化中的影响却没有因此而消失。历来都有很多的思想家、政治家高度赞扬墨子的人格精神。墨子所具有的大公无私、言行一致、劳身苦心、热诚救世、锄强扶弱、为正义赴汤蹈火的精神,成为中国传统文化的重要内容,并融入中华民族的血液里,成为中华民族优秀品格一部分。无论是正统的官方意识形态,还是非正统的社会批判思潮、启蒙思潮,也无论是清官还是侠士,都在自觉不自觉地吸取和传承墨家学说和墨子精神。虽然墨学是潜踪隐迹的"异端",但是墨子精神的影响却始终存在、发挥着,特别是在社会变革时期,总是适时地起着推波助澜的促进作用,成为人们探索救国救民道路的精神动力和理论武器。

中国传统哲学的重心是在人生哲学方面,而人生哲学的重心则是人格问题。人格问题成为历代哲学家们热心关注的焦点。春秋战国时期,礼崩乐坏,社会失序,各学派纷纷提出自己的主张,意图整合失序的社会,探索新的出路。墨家学派的创始人墨子提出了"兼相爱,交相利"的理想社会,在这种理想社会下,必然需要与之相契合的人格支撑。于是,墨子以吃苦耐劳、热心救世的三代圣王作为榜样来要求自己,并在实践中形成了兼爱天下的胸怀、匡时救世的侠义风范、言信行果的务实作风等独特的人格魅力,这对中华民族人格特征的形成产生了重要的影响。因此,墨子精神似涓涓溪流,千年流转不息,有着恒久的超越时空的生命力。

在风云激荡的近代中国,国家的前途茫然、命运未卜,中国将走向何处的问题尚未解决。为了救亡图存,其间的领袖人物均认识到单靠武器的改造是不够的,必须与人格的重塑、国民的觉悟相结合,建设一种伟大的国民精神。正是基于这种唤醒国民人格精神和救国救民的需要,他们找到了墨子这一光辉的人格典范,作为重塑国民人格的榜样。因为墨子舍己为公、勇于牺牲的精神正是救亡图存的社会变革时期所亟须的。许多学者重新弘扬墨子精神的价值,以墨子为典范,想以墨学来拯救处于危难中的中

国。于是出现了近代墨学的复兴,墨学的价值又开始引起人们的关注和研究。

墨子精神铸造了我们民族精神光辉灿烂的一面,至今仍具有迷人的魅力和值得研究的价值。近年来,习近平特别强调,培育和弘扬社会主义核心价值观必须立足中华民族优秀的传统文化。墨子精神作为中华民族精神重要组成部分,为中华民族传统文化的优秀养分,其不仅是涵养和培育社会主义核心价值观的重要源泉之一,而且也为实现中华民族伟大复兴提供优秀精神资源。

对墨子精神方面的研究,目前没有系统的、专题的研究,大多以零散的形式出现在相应的一些论文中。研究墨子思想的学者很多,研究墨子思想相关的专著也不少,这方面的研究是有目共睹的,学者们对墨子的研究主要是从思想、历史、文学的角度进行,关于墨子思想的研究,前人已有不少丰硕成果。然而,对墨子精神的研究重视不够,关于墨子精神方面的缺乏系统地、全面的研究。因此,本书试图在哲学层面上利用历史的分析方法,本书试图在哲学层面上利用历史的分析方法,考察墨子的生平活动,从人格精神的层面分析墨子思想,探寻墨子精神产生的历史根源,梳理墨子精神的义理依据,以墨子人格精神为中心,分析墨子人格精神的风貌特征,并由此涉及墨子的和谐精神、教育精神、体育精神、侠义精神及工匠精神等方面,并进行深入的分析及探讨,使墨子精神呈现出一个完整的、内在逻辑结构的精神体系。

作　者

# 目　录

## 第一章　墨子人格精神的思想渊源及义理依据 （1）
### 第一节　墨子生活的时代背景与生平 （1）
### 第二节　墨子人格精神的思想渊源 （4）
### 第三节　墨子人格精神的义理依据 （9）
　一、墨子对人性的看法 （9）
　二、墨子人格精神的义理根据 （12）

## 第二章　墨子人格精神的风貌 （22）
### 第一节　墨子人格精神 （22）
　一、人格、人格精神的界定 （22）
　二、墨子人格精神的风貌 （24）
### 第二节　墨子人格精神的积极性 （43）
　一、墨子人格精神的积极性 （45）
　二、墨子人格精神的局限性 （52）
### 第三节　墨子人格精神对大学生的启示 （59）
　一、当代大学生人格精神的内容 （59）
　二、墨子人格魅力的精神特质 （61）
　三、墨子人格魅力的精神特质对当代大学生人格的启示 （64）

四、墨子人格精神中的忧患意识 …………………………（68）
　　五、墨子人格精神中的忧患意识对大学生社会责任感
　　　　培养的现代价值 ………………………………………（75）

## 第三章　墨子的和谐精神……………………………………（81）
### 第一节　墨子和谐精神的内核："兼爱"的含义 …………（81）
　　一、平等的爱 ………………………………………………（82）
　　二、互利的爱 ………………………………………………（83）
　　三、整体的爱 ………………………………………………（84）
### 第二节　墨子和谐精神是社会关系的基础 ………………（86）
　　一、兼爱是人际关系和谐的基础 …………………………（86）
　　二、兼爱是社会的和谐的根基 ……………………………（87）
### 第三节　墨子和谐精神对构建和谐社会的启示 …………（91）
　　一、"兼爱"的精神内核,有助于家庭关系的和谐………（92）
　　二、"兼爱"的精神内核,有利于促进社会关系的和谐
　　　　…………………………………………………………（94）
　　三、"兼爱"的精神内核,有利于构建人与自然关系的和谐
　　　　…………………………………………………………（97）
　　四、独立自主,和而不同的世界发展观……………………（99）

## 第四章　墨子的教育精神……………………………………（102）
### 第一节　墨子教育精神的独特性 …………………………（102）
　　一、墨子教育精神的出发点 ………………………………（103）
　　二、墨子教育思想的独特性 ………………………………（103）
### 第二节　墨子教育精神的独特性对现代高等教育的启示
　　　………………………………………………………………（106）
　　一、以育人为本,德育为先 ………………………………（106）

二、实现教育公平,优化高等教育 …………………(107)
三、树立特色教育的理念,创办特色学校 …………(108)
四、重视主动实践,培养创新能力 …………………(109)

第三节 墨子的职业教育精神 …………………………(111)
一、墨子职业教育精神产生的背景 …………………(111)
二、墨子职业教育的思想内容 ………………………(112)

第四节 墨子职业教育精神的现代价值 ………………(115)
一、培养良好的职业道德,提高职业素养 …………(116)
二、注重生产知识技能教育,培养专业型人才 ……(117)
三、参与实践,重视个性发展,培养创新人才 ………(118)

**参考文献** …………………………………………………(120)

# 第一章 墨子人格精神的思想渊源及义理依据

任何理论的出现都是适应时代的需要而产生的,总有一种外在的背景渊源承载着这种理论的产生、变化和发展。此外,任何思想家的思想常常受制于那个时代的一般知识水准和思想状况,并与思想者本人的出身、经历有着密切的关系。为了深入地研究墨子的人格精神,必须先考察墨子的生平和生活的时代背景。

## 第一节 墨子生活的时代背景与生平

春秋战国时期不仅是中国古代史上新旧交替的时期,也是一个充满了变革与动荡的时期,而且还是中国文化繁荣、思想活跃的黄金时期。

周在灭商以后,形成了一个相对统一的国家。"溥天之下,莫非王土;率土之滨,莫非王臣。"(《诗经·北山》)周天子实行世袭制和分封制,按血缘关系为王族成员分配爵位和官职,让他们协助管理政务,大封诸侯,赏其民,赐其土,形成了众多的诸侯国,使他们"以藩屏周"。这样一来,周天子对各诸侯国有相对的控制权,各诸侯国对周天子有服从的义务。当时,人们的心目中,周天

子受命于天,王权神授,是全国的中心,周天子具有至高无上的权威和地位。但是,到了春秋末战国初期,随着生产力的发展,私有土地开始出现,促进了私人工商业的发展,最终动摇了原来王有形式的奴隶制土地制度。由于旧经济制度的变革,从而导致了政治领域中的大乱:周朝王室衰微,周天子的权威一落千丈,各诸侯国不再听命于周天子。相反,各诸侯国却各自纷纷割地称雄,互相征战,扩张自己的势力范围,统治权力转移频繁,战乱残酷异常,甚至出现了"易子而食,析骸而饮之"(《公羊传·宣公十五年》)的现象。当时社会物资匮乏,统治者却奢侈浪费、横征暴敛,使老百姓生活在水深火热之中。"周之子孙日失其序"(《春秋左传·鲁隐公十一年》),以周天子为"天下之大宗"的宗法等级政治体系四分五裂,出现了"礼崩乐坏"的乱世局面。

随着社会变革的深入,社会各方面也都发生了深刻的变化:农业、手工业、商业得到了进一步发展,私营工商业、家庭手工业已经和官营工商业并驾齐驱,工官逐渐失去了原有的职位,工奴也逐渐得到解放,原来由官府、宗族控制的工商业者转化为独立的手工业者;专门从事学术文化的知识分子,即"士"阶层的形成。其范围不断扩大,士的崛起有两种类型,原属王官的知识阶层下移和原为下层士人的上升;私塾的出现,使"学在官府"的格局被打破。由于政治、经济、文化领域里的新观念、新理论不断产生,儒、墨、道、法、兵等诸子蜂起,从而揭开了"百家争鸣"的序幕,以儒墨两家影响最大,正是所谓"世之显学,儒墨也"。

墨子,名翟,出身平民阶层,生活于春秋战国之际,宋国人(一说鲁国人),自称"北方之鄙人"(《吕氏春秋·爱类》),人称"布衣之士"(《吕氏春秋·博志》)和"贱人"(《渚宫旧事》)。墨子是个

## 第一章 墨子人格精神的思想渊源及义理依据

手工技艺精湛的工匠,他曾作过宋国大夫,与鲁国、宋国有着比较深的渊源。

墨子是一位享有盛名的平民思想家,是由庶民上升而成的士。面对礼崩乐坏,社会失序的社会现实,博学多才的墨子创立墨家学派,把兴邦治国、救世济民作为最高目标,提出自己的主张,意图整合失序的社会,探索新的出路,以构建"兼相爱,交相利"的理想社会。为此,墨子广收门徒,亲信弟子达数百人之多,形成了声势浩大的墨家学派。

由于墨子出身平民,又因时代环境的影响,使他成为平民的代言人。因而,墨子深知平民阶层的意愿。历史一再证明,平民的基本要求非常简单:一是希望有一个安定的社会环境,这有利于他们安心地从事生产;二是保护他们的劳动成果,这是他们生存和维持生产的必要条件。然而,在现实社会中,这两个基本要求却难以实现。春秋战国时期,民众不仅饱受战争之苦,而且还承受统治者奢侈淫逸生活所带来的重负,面对动荡的社会、苦难的民众,墨子学说自然而然地倾向于维护平民阶层的利益。

对社会和人类进行反思后,墨子深刻地认识到,社会秩序的合理运行,在于个人人格的自我完善。这种人格的自我完善,既是人类社会秩序合理运行的枢纽,又是社会制度稳固的保证。为此,墨子以匡救时弊、兴国安民为己任,著书立说,积极奔走、周旋于列国之间,宣传并亲身实践自己的政治主张。墨子对现实生活给予积极关注与思考,映现出鲜明的忧患意识、入世风骨及救世精神,展现了墨子那种新兴士人崇高而又独特的人格品位。正如冯天瑜先生所说:"春秋以降,礼崩乐坏的社会变动,使士大夫从沉重的宗法枷锁中解脱出来,他们不再像巫史那样全然依附王

室,而赢得了相对人格的独立"。

## 第二节 墨子人格精神的思想渊源

任何一种思想体系都跟前人的思想有一定的联系,都是利用前人所提供的思想资料,表现出思想上的继承性,墨子的思想也不例外。墨子虽出生于工匠家庭,但自幼聪慧好学,遍读百国春秋,墨子思想的形成,也有其深刻的思想渊源。探寻墨子思想的渊源,便于我们更好地把握其人格精神的实质和精华。《庄子·天下》说墨子"好学而博",他的学说渊源具有多元性并不稀奇。有关墨子思想渊源的记载,有以下几种说法。

首先,尧舜禹之道。墨子喜称尧舜禹汤文武等古之圣王,《墨子》书中提到尧舜禹汤文武14次,禹汤文武9次,文王8次。"古者圣王之事"即圣王之传说,墨子在构建其思想体系时,言必称"三代",动不离"圣王",用商周典籍与传说来论证自己的观点。《墨子·贵义》:

"凡言凡动,利于天鬼百姓者为之;凡言凡动,害于天鬼百姓者舍之;凡言凡动,合于三代圣王尧舜禹汤文武者为之;凡言凡动,合于三代暴王桀纣幽厉者舍之。"

墨子以是否符合三代圣王之道为准绳,把古代圣王树为推崇的典范,通过托古者圣王之事,借尧舜禹汤文武圣王之道,曲折地表达自己的政治理想,为墨子人格精神的创立赋予了传统的权威。

《韩非子·显学》篇记载:"孔子墨子俱道尧舜而取舍不同,皆自谓真尧舜。"《史记·太史公自序》记载,司马谈在《论六家要旨》中指出：

"墨者亦尚尧舜道，言其德行，曰：堂高三尺，土阶三等，茅茨不翦，采椽不刮；食土簋，啜土刑，粝粱之食，藜藿之羹；夏日葛衣，冬日鹿裘。其送死，桐棺三寸，举音不尽其哀，教丧礼必以此为万民之率。使天下法若此，则尊卑无别也。"

这些史料说明韩非和司马谈都认为墨子思想源于尧舜，并受尧舜的影响。墨子学尧舜之道，以尧舜为楷模，体现了劳身苦心、牺牲自我，言行一致，热诚救世的崇高精神。

墨子思想源于夏禹说，在学术界很有影响，《墨子》书中所提禹者多达56次。孔子推崇周公，墨子标新立异，效法传说中的夏禹比周公更古老。《庄子·天下》记载墨子对大禹的礼拜和信服，其中说：

"墨子称道曰：'昔者禹之堙洪水，决江河而通四夷九州也……禹亲自操橐耜而九杂天下之川……禹大圣也，而形劳天下也如此。'使后世之墨者，多以裘褐为衣，以跂蹻为服，日夜不休，以自苦为极。曰：'不能如此，非禹之道也，不足谓墨。'"《淮南子·要略》也记载："墨子……背周道而用夏政。禹之时天下大水，禹身执耒锸，以为民先……故节财薄葬闲服生焉。"

与此同时，《墨子》一书中对禹的赞美较多："爱人利人以得福者，禹汤文武是也。"(《墨子·法仪》)"昔三代圣王禹汤文武，此顺天意而得赏也。"(《墨子·天志上》)等等，这些史料说明了庄子和《淮南子》都认为墨子思想源于夏禹，夏禹严于自律、节俭勤勉，墨子用夏政，这正符合了小生产者为人处事的要求。因此，墨子自苦为义的品质和大禹思想确有相承性。同时，墨子效仿大禹吃苦耐劳、热心救世的作风，说明了墨子更注重学大禹之精神，学

大禹以天下为己任,只讲奉献不讲享受,体现了自苦为极的精神。墨子这种为天下兴利除害、施予天下博大之爱的人格与大禹精神是一脉相承的。

其次,源于清庙之守。墨子的思想起源也与仪礼之学有联系。《吕氏春秋·当染》中曾经记载了一则故事,说:

"鲁惠公使宰让请郊庙之礼于天子,桓王使史角往,惠公止之,其后在于鲁,墨子学焉。"《汉书·艺文志》称"墨家者流,盖出于清庙之守"。汪中《述学》谓:"墨学本于巫、史,《吕览》:"墨子学于史角之后"。"史角""清庙之守"都是指古代执掌郊祀之礼者,即"祝史"。商周时期,人们崇拜上天、注重祭祀鬼神,那么,墨子思想受到商周占统治地位的上帝、鬼神观的影响就不足为奇。总之,"清庙之守"的尚俭节用、崇祀尊鬼等学说都给墨子的人格精神提供了理论基础,尤其是"尊天事鬼"的思想,成为墨子人格精神中的终极依据。

再次,渊于地域文化。不同的地域文化形成不同人群的不同生活方式与思想观念。地域特征对墨子的人格精神也有着很大影响,使其人格精神具有鲜明的地域性特点。墨家学派的兴起,是以墨子为中心,在其讲学、游仕过程中形成、发展起来的。据孙诒让考证,墨子活动的大致范围是:以宋为中心,东北至齐,西北至卫与郑,东南至越,西南至楚。所以,墨学的最初兴起是在鲁、宋一带,后来才向四方传播和流布。《史记·孟子荀卿列传》云:墨翟"宋之大夫",《汉书·艺文志》也写道:墨翟"宋大夫",清朝学者俞正燮说:"墨者,宋君臣之学也"。这些史料说明,墨子曾在宋国为官,其活动中心是在宋国,这意味着,墨子的人格精神深受地域文化尤其是宋文化的熏陶而形成的。

## 第一章 墨子人格精神的思想渊源及义理依据

宋国地处黄河下游地区,在上古的文化区域中,属于东夷文化的区域。宋国原是商王纣之兄微子启的封地,国内保存了殷商的不少风俗,这地区居住着殷商、虞夏等族的后人。在宗法关系很强的上古时代,宋国的习俗通过家庭、家族的途径影响了墨子。《礼记·表记》记载:"殷人尊神,率民以事神,先鬼而后礼。"殷人特别注重天神、鬼神的信仰,类似后世所谓"神道设教"的思想,用以辅助政治的不足。故此,刘师培指出:宋承殷人事鬼之俗,民习于愚,故墨子尊天明鬼之说得而中之,墨家节用薄葬之说由此起。

冯友兰也认为:宋人以愚著称。因此,墨子的损己救世,以自苦为义,摩顶放踵利天下的行为,在一般人看来是"愚",然而,这正是宋人代代遗传的性格。因此,只有在宋国这样的历史传统和文化环境下才能产生墨子独特的性格。

宋国在春秋战国之际是一个小国、弱国,又处在楚晋争霸的必经之地。由于战争不断,这使宋国的生产荒废,民不聊生,所以宋人特别渴望和平。宋国这种民俗与民风造就了墨子"强本节用"的主张,和平非攻的思想。《庄子·天下篇》描绘墨家学派的特点时说道:

"不侈於后世,不靡於万物,不晖於数度,以绳墨自矫而备世之急,古之道术有在於是者。墨翟、禽滑厘闻其风而悦之,为之太过,已之大循,作为非乐,命之曰节用。生不歌,死无服,墨子泛爱兼利而非斗,其道不怒,又好学而传不异,不与先王同,毁古之礼乐墨翟、禽滑厘之意则是,其行则非也。将使后世之墨者,必自苦以腓无胈胫无毛,相进而已矣。乱之上也,治之下也。虽然,墨子真天下之好也,将求之不得也,虽枯槁不舍也。才士也夫。"从这里可以看出,墨子那种质朴坚忍的作风与宋地域文化是相近的。

最后,渊于实践而独创。墨子早年曾学习儒家学说,此点前人有明确记载。《淮南子·要略》说:

"墨子学儒者之业,受孔子之术。"后来墨子因儒学、周礼"烦扰而不悦,厚葬靡财而贫民,久服伤生而害事",终于"背周道而用夏政"(《淮南子·要略》)。

墨子目睹了诸侯争霸,人民饱受战乱之苦,王官贵族奢侈挥霍、荒淫作乐的现实。面对现实,墨子积极参加社会生产实践活动,广泛接触平民,深知劳动人民生活的艰难。在此过程中,墨子以小生产劳动者的立场来衡量、判断、肯定或否定当时的社会生活现象,宣传自己的学说和主张。葛兆光这样评价:"墨子一系则属于十分坚定的现世实用主义,他们有一种极为实用的思路,为了'富裕''繁庶''安定',为了消除三大忧患,那种理想中的形式主义的繁文缛节可以取消,一切围绕着实际社会的现实问题展开思索……他把思考的基础放在现世的合理性上"。墨子非常关注人的生存问题,他根据社会生产实践和自己的人生经验,提出了"尚力"和"强"的观点,指出"今人固与禽兽、麋鹿、蜚鸟、贞虫异者也。今之禽兽、麋鹿、蜚鸟、贞虫,因其羽毛,以为衣裘因其蹄蚤,以为绔屦困其水草,以为饮食。故唯使雄不耕稼树艺,雌亦不纺积织纴,衣食之财,固已具矣。今人与此异者也,赖其力者生,不赖其力者不生。"(《墨子·非乐上》)

他认为,动物的生存依据它们的本能,人的生存在于主观努力或能动的实践活动。墨子否定了"天命"论,"执有命者之言,不可不非,此天下之大害也"(《墨子·非儒下》)。在墨子看来,听天由命,必使国贫民弱,此为天下大害。墨子指出,作为主体的人,应当反对听天由命的怠倦情绪,要努力从事实践活动,必须做到"强"：

"上强听治，则国家治矣；下强从事，则财用足矣。若国家治，财用足，则内有以洁为酒醴粢盛，以祭祀天鬼；外有以为环璧珠玉，以聘挠四邻。诸侯之冤不兴矣，边境兵甲不作矣。内有以食饥息劳，持养其万民，则君臣上下惠忠，父子兄弟慈孝。"(《墨子·天志中》)

这些思想都与墨子亲身的生活实践有着密切的联系。因此，这些实践活动构成墨子思想源泉的一部分，对其人格的形成产生了积极的作用，为墨子人格中言信行果的践行精神打下基础。

清代人汪中指出：墨子者盖学焉而自为其道也……则谓墨子自制者是也。他认为，墨子未尝"援人以重"，墨学自成一家，墨子思想是墨子独创的。方授楚也认为：墨学由墨子时代、环境、出身，及个性所决定而非墨子以前所有……墨学乃以前所无，由一人倡导而成，诚所谓"开山祖师"。其伟大何如！由此可见，墨子站在平民阶层的立场上，通过吸收古代典籍的精华，借鉴古代圣王尧舜禹的思想，从而形成独特的墨子人格精神。墨子人格精神的形成，标志着一个认识自我而立德、立言、立功的新型人格的出现。墨子的人格精神，既符合时代需要，又超越时代人格的内涵，为平民阶层提供了一种立身处世的新的价值取向。

# 第三节　墨子人格精神的义理依据

## 一、墨子对人性的看法

墨子人格精神是建立在对人充分肯定的基础上，是为了拯救

社会的混乱和矫正人类行为的偏差而提出的。在社会混乱与道德失控的春秋之际,墨子透过对个人生命本身的肯定与反省,通过锻炼和修养自身,实现情感与意志的律动,从而完善其人格,实现自身的价值,达到追求的人生境界。

先秦诸子对生命有不同的见解,墨子对生命的看法更是慧眼独到。墨子指出生命的存在是一切存在的依据的同时,还肯定了生产劳动和精神理智的作用,从而倡导自强的、积极的人生观。墨子指出,人是肉体与智慧的统一体,凸显人的根本特质。墨子之前,老子和孔子关于人的主体性的认识,就已经意识到人作为道德自我的存在,而墨子对生命价值的执着追求更为强烈。

首先,墨子肯定人的存在、肯定生命价值的存在:

"今王公大人欲王天下、正诸侯,夫无德义,将何以哉?其说将必挟震威强,今王公大人将焉取挟震威强哉?倾者民之死也!民生为甚欲,死为甚憎。所欲不得而所憎屡至。"(《墨子·尚贤中》)

同时,指出"天下不若身之贵也"(《墨子·贵义》),"生,楹之生,商不可必也"(《墨子·经说上》)。墨子认为,生命的存在是人之欲望、人的需要及价值的源泉,如果没有生命的存在,即使给你天下也为枉然。这正与马克思的思想不谋而合,按马克思的观点:人本身是他自己的物质生产的基础,也是他进行的其他各种生产的基础。

其次,墨子认为,人是肉体与精神的有机结合。墨子曰:"生,刑与智处也。"(《墨子·经上》)"生",是人的生存;"刑"通"形",是人的肉体存在形式;"智",指人的思维能力及理性。墨子初步认识到了人的双重属性:自然属性和社会属性,即人是肉体与精

# 第一章 墨子人格精神的思想渊源及义理依据

神的统一体。这句对"生"的解释就成为整个墨子理路的骨髓。也就是说人之所以成为人(社会人),是要服从天志和社会规范的。"知"则包含了对天道的理解、社会知识、生产知识。墨子认为获得人们的共义并遵守之,再加上发展人类的认知水平就能实现自生和生生的目标。《墨子·经上》曰:"平,知无欲恶也。""知"是指人的认知能力和精神。墨子还强调了人的理性作用,人的理性是认知世界和合理改造世界的必要条件。

再次,人的本质在于劳动。墨子认为,人与动物的本质区别是劳动。"今人固与禽兽、麋鹿、飞鸟、贞虫异也……今人与此异者也:赖其力则生,不赖其力则不生"(《墨子·非乐上》)。这就是说,动物的生存仅仅是因其自身的本能来适应自然环境,而人类在同自然界抗争过程中,通过发挥自身的才能和智慧,创造条件,才能保证人类的生存和发展。故此,墨子提出"强力"的人生态度,强调人的主观能动作用。

墨子认为,人具有趋利避害的本性:

"利,所得而喜也。为,穷知而县于欲也。害,所得而恶也。"(《墨子·经上》)"今天下之士君子,皆欲富贵而恶贫贱。"(《墨子·尚贤下》)"利人乎即为,不利人乎即止。"(《墨子·非乐上》)

墨子认为,每个人都是平等的,都应享受各种物质生活,所以,欲富贵而恶贫贱是人性之自然。同时,人类具有判断善恶的能力。"于所体之中而权轻重之所谓权。权,非为是也,亦非为非也。权,正也。"(《墨子·大取》)这就是说,利与害,苦与乐是相对的,人们对自己亲身感受的利害、苦乐进行权衡,决定取舍。因此,墨子对人性的理解,更偏重于它的物质性,认为欲福恶祸是人的自然情欲,趋利避害是人之常情。

由此可见，墨子在对人认识及对人肯定的基础上，他更关注人的尊严、人的提升，并以救世的情怀与理想，从大众的生存实际出发，在生活实践的过程中，形成了自己独特的人格精神。

## 二、墨子人格精神的义理根据

学术界出现墨子思想不同的中心说：兼爱中心说、贵义中心说、天志中心说、重利中心说等等，无论何种中心说，都是围绕着"贵义""兼爱""重利""天志"这几个概念进行的，它们共同构成了墨子人格精神的义理根据。

学者把墨子的思想及其主张统称为"十论"。墨子十论思想，是义理一贯，它们是不可分割的整体。十论的共同目的是为了实现"国家之富，人民之众，刑政之治"的理想社会。因此，"十论"正是墨子人格精神的具体表现：墨子认为，顺乎"天意"而行"义政"，"顺天意者，义政也。反天意者，力政也"；行"义政"，"必上利于天，中利于鬼，下利于人。三利无所不利，故举下天美名加之，谓之圣王；"（《墨子·天志下》）"何以知天之爱天下百姓？以其兼而明之"。（《墨子·天志》）因而，"义""兼爱""利""天志"紧密联系，构成圆融和谐的一体。其中，"贵义"是墨子人格精神的核心；"尊天事鬼（天志）"是墨子人格精神的终极依据；"兼相爱，交相利"是墨子人格精神的道德总纲领；"重利"是墨子人格精神的外在表现形式。

（一）贵义——墨子精神的核心

《墨子》一书中都贯穿着"贵义"的思想，墨子认为，义是人生行为的第一信条。何为义？墨子的"义"就是"国家百姓人民之利"。墨子言曰：

# 第一章　墨子人格精神的思想渊源及义理依据

"有本之者,有原之者,有用之者。于何本之？上本之于古者圣王之事;于何原之？下原察百姓耳目之实;于何用之？废以为刑政,观其中国家百姓人民之利,此所谓言有三表也。"(《墨子·非命下》)

只要是利国、利民、利人的行为就是"义",反之,则是"不义"。他提出"万事莫贵于义""贵义于其身",为了"义"可以"杀己以存天下",这说明了"义"的至上性,墨子人格精神中的各种品质都是以"义"为核心展开的。墨子认为,只有将"义"作为人行为的出发点和归宿,才符合人之所以为人的存在本性,才能够获得合理的功利。故此,墨子把"义"作为一种社会道德。

墨子指出,天是有"义"的。《墨子·天志中》篇说:"义,果自天出矣。"

"天下有义则生,无义则死,有义则富,无义则贫,有义则治,无义则乱。然则天欲其生而恶其死,欲其富而恶其贫,欲其治而恶其乱,此我所以知天欲义而恶不义也。"(《墨子·天志上》)

在这里,"义"即是天意。"天之志者,义之经也。"(《墨子·天志下》)义,是天之根本法则。墨子认为,"欲为义者,则不可不顺天之意"(《墨子·天志》),天之义在于"天必欲人之相爱相利,而不欲人之相恶相贼"(《墨子·法仪》),故此,天之义成为衡量人行为的一种标准,"天之所欲则为之,天所不欲则止"(《墨子·法仪》)。天之义的结果是：

"天下有义则生,无义则死,有义则富,无义则贫,有义则治,无义则乱。然则天欲其生而恶其死,欲其富而恶其贫,欲其治而恶其乱,此我所以知天欲义而恶不义也。"(《墨子·天志上》)

墨子得出这样的结论:天是通过"相爱相利"来构建一个完美

和谐的社会,以实现"百姓皆得暖衣饱食,便宁无忧"(《墨子·天志中》)的理想国度。可见,墨子认为天之义是判断一切是非善恶的标准。有了这种标准,人们的行为就有了尺度,就可以保证人们按照这一标准去行动。

《墨子》一书中"义"出现很多次,它在不同的领域有着不同的内涵:

在生活方面,"义"主要是指"兼相爱,交相利"的道德原则。墨子将"义"视为构建人际关系的最佳社会规范,"兼相爱,交相利"充分体现了"义"的思想,即要求人与人之间不分等级贵贱,以爱利他人为行为准则,达到"兼爱天下之人"境界,这种"兼爱"就是"义"。

在经济方面,墨子思想中的"义"主要是保护劳动人民的利益。墨子认为,人们应当重视劳动生产,在消费上主张节俭,反对浪费。因此,墨子提出节用、节葬的主张,尤其告诫统治者"节俭则昌,淫佚则亡"(《墨子·节用》)。墨子还指出侵犯别人的私有财产和物质利益,也是亏人自利的不义行为。可见,墨子不仅要求劳动人民努力从事生产劳动,而且希望统治者勤俭节约,这是完全符合"义"的标准。

在政治方面,"义"指的是善政,也称为"义政"。墨子说:"义者,善政也"(《墨子·天志下》),这种善政的内容就是要打破旧的"亲亲贵贵"的宗法等级制度和贵族专权,使政治由巩固血缘集团的利益转向争取百姓人们的利益,由维护少数人的利益转向维护最大多数人的利益,使政治由私利转向公利。可见,墨子在生活、经济、政治方面所表现的"义"不是空洞的,而是实实在在,有着具体的内容。

# 第一章 墨子人格精神的思想渊源及义理依据

墨子以"义"为其最高道德准则,并把"为义"作为自己为之奋斗的人生目标。他认为"为义"不仅要做到"自苦而为义"(《墨子·贵义》),"为义非避毁就誉"(《墨子·耕柱》),而且,为义还要赴火蹈刃,死不旋踵,做到"有力助人,有财分人,有道教,人处,则耕者不可以不益急矣。何故?则食者众而耕者寡也。今天下莫为义,则子如劝我者也,何故止我……必去六辟。必去喜、去怒、去悲、去爱、去恶而用仁义"。(《墨子·贵义》)

由此可见,墨子把"义"作为人格精神的内在要求,它包含了道德意识的内在规定,义作为人格的道德特质,可以纠正人的行为的偏差,使社会和谐稳定。因此,墨子把天之义的美德潜化为自身的人格特质,义是统摄天地间的一切圣善和德性,它成为墨子人格精神内涵的核心。

## (二)天志——墨子精神的终极依据

义是墨子人格精神的核心,"天志"则成为墨子人格精神的终极依据。《墨子·天志下》谓:"今天下之君子欲为仁义者,则不可不察义之所从出。"那么"义"从何而来呢?

"天为贵、天为知而已矣。然则义果自天出矣!"墨子认为,既然"义"来自于上天,那么,上天就好义,而恶不义。同时,墨子在《墨子·天志中》指出:

"天之意,不欲大国之攻小国也,大家之乱小家也,强之暴寡,诈之谋愚,贵之傲贱,此天之所不欲也。不止此而已,欲人之有力相营,有道相教,有财相分也……又欲上之强听治也,下之强从事也。则君臣上下惠忠,父子兄弟慈孝。故唯毋明乎顺天之意,奉而光施之天下,则刑政治,万民和,国家富,财用足,百姓皆得暖衣饱食,便宁无忧。"

在《墨子·天志中》又明确到:"然则天欲其生而恶其死,欲其富而恶其贫,欲其治而恶其乱,此我所以知天欲义而恶不义也"。可见,在墨子那里,"义"就是天之意,天之意就是"义"。

"今天下莫为义,子独自苦而为义,子不若已。"墨子曰:"今有人于此,有子十人,一人耕而九"。墨子所说的"天"就是上帝、神,它们是有意志、能赏罚的人格神。所谓"天志"就是上帝的意志。在墨子看来,天能够赏善罚恶,所以"天之意,不可不顺也"(《墨子·天志中》)。"昔三代圣王禹、汤、文、武,此顺天意而得赏也;昔三代之暴王桀、纣、幽、厉,此反天意而得罚者也"(《墨子·天志下》)。墨子认为,人的父母、师长、君王不能成为人类最完美的行为典范,因为他们自身有一定的局限。

墨子之所以推崇三代圣王,是因为他们敬天法天,形成了超越众人的人格。"故圣王法之。既以天为法,动作有为必度于天。天之所欲则为之,天所不欲则止"(《墨子·法仪》)。墨子又指出:

"天子为善,天能赏之天子为暴,天能罚之天子有疾病祸祟,必斋戒沐浴,洁为酒醴粢盛,以祭祀天鬼,则天能除去之。然吾未知天之祈福于天子也。此吾所以知天之贵且知于天子者"。(《墨子·天志中》)

这就是说,天具有众多的美德,是神圣完美的象征,它明察万物,欲善而罚恶。因此,墨子认为只有以天作为统一的标准,才能形成一个井然有序的社会。天志可以说是神化了墨家理想的最高准则,是按照墨家社会理想境界设计出来的最高主宰力量。

除此之外,墨子还涉及"明鬼"。墨子认为,鬼也是神,鬼神是上帝意志的表现,负责帮助上帝赏兼爱之人,罚贼恶之人。"顺天之意者,义之法也"(《墨子·天志中》),我们不难看出,天志就是"义",墨子把天、鬼作为有人格、能赏罚的神,最关键还是为他的"义"找一个终极依据。墨子大力提倡天之意,将"义"的内容归结为天之意,将人们的"义行""义举""义事"归结为顺天之意。这样,墨子就可以假天行义,推行其思想主张,最终实现天下之利。

墨子把自己的主张诉诸天意,这就转换了传统天命论的内容,由此,他在确保自己的主张具有终极性的正当性意义的同时,也对传统天命论作了改造和发展。墨子把"兼相爱,交相利"说成是天的意志,给神权注入了理想的内涵,并以此作为行为的准则。因此,天志、明鬼是作为一种施政思想的辅助工具出现的,它是墨子人格精神的有力支撑,成为墨子人格精神的终极依据。墨子的天志、明鬼思想已很少宗教迷信色彩,而且有一种以人事、人利为基本内容的义理情调。

(三)兼爱——墨子精神的道德总纲领

天是墨子人格精神的终极依据。天是兼爱天下百姓的。"何以知天之爱天下之百姓?""以其兼而明之。何以知其兼而明之?以其兼而有之。何以知其兼而有之?以其兼而食焉。何以知其兼而食焉……天邑人,何用弗爱也……若以天为不爱天下之百姓,则何故以人与人相杀,而天予之不祥?此我所以知天之爱天下之百姓也。"(《墨子·天志上》)

墨子指出,天予百姓以万物,天惩罚杀无辜者,天赐福于行义积善者,因而天兼爱百姓。墨子认为,人不能不顺天之意,否则就遭受天的惩罚,而顺天意,就是"兼相爱,交相利"。故此,顺天之意,就是"义",就是"爱人利人",就是"兼相爱,交相利"。

"顺天之意者,兼也;反天之意者,别也。兼之为道也,义正(政);别之为道也,力正(政)。曰:义正者何若?曰:大不攻小也,强不侮弱也,众不贼寡也,贵不傲贱也,富不骄贫也,壮不夺老也。是以天下之庶国,莫以水火毒药兵刃以相害也。若事上利天,中利鬼,下利人,三利而无所不利,是谓天德"。(《墨子·天志下》)

兼爱,是天意的体现,是义的内涵,同时也是墨子遵循的道德总纲领。墨子认为,当时社会的一切动乱、祸害、灾难、罪恶都是因为不"兼爱"而产生的:"凡天下祸篡怨恨,其所以起者,以不相爱生也,是以仁者非之。既以非之,何以易之?墨子言曰:以兼相爱、交相利之法易之。"(《墨子·兼爱中》)"乱何自起?起不相爱"(《墨子·兼爱上》)。墨子坚信,只要普天之下的人们都遵循兼爱,就必然会兴利除害,国泰民安,天下和平,达到乐园一般的完美境界。

何谓兼爱?兼爱就人的心理状态而言,乃是"视人之国若其国,视人之家若其家,视人之身若其身"(《墨子·兼爱中》);兼爱就其客观表现而言,乃是为他人谋利,"有力者疾以助人,有财者勉以分人,有道者劝以教人"(《墨子·尚贤下》)。从历史上看,墨子认为禹、汤、文、武等都是力行兼爱而为圣王的典范,"文王之兼爱天下之博大也,譬之日月,兼照天下之无有私也"(《墨子·兼爱下》)。这种带有博爱的情怀犹如日月之光普照大地。因此,兼爱是可行的、能行的,它是"圣王之道,而万民之大利也"(《墨子·亲士》)。

墨子人格精神以"义"作为出发点,提出"兼相爱,交相利"的主张,这表明墨子人格具有的内在价值是有一种兼爱交利的精神。"兼爱"作为墨子人格精神的道德总纲领,它是人格的态度及界定的标准。那么,墨子的自我调控方面所表现出的特质就是道德责任意识。墨子的道德责任意识是:兴利除害、匡时救弊,摩顶放踵,利天下而为之。故此,墨子从"兼爱"的道德总纲领出发,要实现"兼爱交利",就必须做到"仁人之所以为事也,必兴天下之利,除天下之害"(《墨子·兼爱中》),只有这样才能达到治家、治国、治天下的效果,从而实现人与人之间、家与家之间、天下之间和睦共处的理想社会。因此,墨子人格中的"兼爱"精神,既是一种责任意识,也是一种崇高的品质。

(四)重利——墨子精神的外在表现形式

墨子所讲的"兼爱"总是与"利人"联系起来的,"兼爱"的实质就是利人。据统计,《墨子》一书中"利"字共有348处,是该书使用频率最高的字之一。而这个"利"字又常常与"爱"字连用,如"爱人利人""爱利国""爱利天下""相爱相利"等等。墨子常以"兼爱"诠释"仁",而"仁"也是以"利人""利天下"为旨意。

墨子说:"仁人之所以为事者,必兴天下之利,除天下之害,以此为事者也。"(《墨子·兼爱中》),墨子指出:

"仁之事者,必务求兴天下之利,除天下之害。将以为法乎天下,利人乎即为,不利人乎即止。且夫仁者之为天下度也,非为其目之所美,耳之所乐,口之所甘,身体之所安,以此亏夺民衣食之财,仁者弗为也。"(《墨子·非乐上》)

在墨子看来,只有为天下兴利除害、苦己利人的人才是"仁人"。因此,墨子把"仁"理解为"利人",而利人实际上也就是爱人。这样"爱"与"利"有机统一起来,"爱"是"利"出发点,而"利"是爱的归宿。

墨子讲"兼相爱,交相利",说明兼爱与利是不可分割的。"万事莫贵于义,""义,利也。"就是说,义的本质就是利,舍利则无以言义。《墨子·经上》曰:"利,所得而喜也;害,所得而恶也,"这就是说,人们获得某种东西而心情愉悦,就是利。"今天下之士君子,皆欲富贵而恶贫贱"(《墨子·亲士》),墨子认为,每个人都是平等的,都应享受各种物质生活,承认人的正当的物质利益,欲富贵而恶贫贱是人性之自然。墨子肯定了人们求利动机的合理性。

此外,墨子还指出,无论是治人,任官,还是修身、处世,目的都应当兴天下之利,故墨子曰:

"夫一道术学业,仁义也。皆大以治人,小以任官,远施周偏,近以修身,不义不处,非理不行,务兴天下之利,曲直周旋,(不)利则止,此君子之道也。"(《墨子·贵义》)墨子言"利",不是一人一己之私利,而是"天下之利""国家百姓之利""万民之大利"。

墨子所言之"利"内容丰富、范围广大,这就是说,凡是能给人的生存带来的利益(包括物质和精神的利益)都是利。"利"涵盖了利己、利人、利天下三层面。墨子指出,对于人民来说,"饥则得食,寒则得衣,乱则得治"(《墨子·尚贤上》),这是最基本的利。对于国家来说,"国家之富,人民之众,刑政之治"(《墨子·尚贤上》)是最重要的利;对于人们的实践行为来说,使每一项活动获得成功,即墨子所说的"谋事则得,举事则成"(《墨子·尚贤中》)是最根本的利。

广而言之,"上可利天,中可利鬼,下可利人"(《墨子·尚贤下》),这说明了墨子言"利",远远超出了个人利益、物质实利的范畴,而扩展到了"天""鬼"等形而上学的领域。"天鬼百姓之利"是墨子以"利"为中心将现实的百姓利益与超验的"天""鬼"

第一章　墨子人格精神的思想渊源及义理依据

统一起来。可见,"兴天下之利"既是墨子的人生追求,又是墨子立身行事的外在表现。

综上所述,"贵义""天志""兼爱"和"重利"构成了墨子精神的义理根据,它们是相辅相成,汇通、融合的。没有真情实感的"义"作为墨子精神的核心,"兼爱"和"重利"就会失去最根本的方向,变成空洞而毫无内涵的爱与利。没有神权注入的"天志"作为墨子精神的终极依据,"兼爱"和"重利"就失去理论的依据,爱与利就无法完美地表现出来。因此,墨子精神正是通过内在的贵义尊天的精神与外在兼相爱、交相利的品质所彰显出来的。

# 第二章　墨子人格精神的风貌

## 第一节　墨子人格精神

### 一、人格、人格精神的界定

人格(personality)一词源于拉丁文"persona",其原意为"假面具"(mask)。相传在公元前 100 多年前的古罗马时期,一名演员为了遮掩他不幸伤残的左眼而在戏剧演出中戴上面具。此后,在表演中,其他演员也广泛使用面具。称此为"人格",在语表上,就是指这种具有表演性的"假面"或"面具"。然而,更深一层地追究,"人格"实质上指的是被"假面"或"面具"遮盖了的个人,或用于指表面的社交形象,即一个人在生活中扮演角色时所选定的形象,是一个人对周围其他人所显示的"公开人格",这是"人格"最初的意义。

人格这个词出现后,经过两千多年的历史发展,古今的学者、哲人从其自身学科研究为出发点和侧重点,对人格概念加以改变、扩充,促进了人格概念内涵的发展和演化。美国著名心理学家、人格心理学的创始人奥尔波特认为:人格是在个体内在心理物理系统中的动力组织,它决定人对环境适应的独特性。现代西方心理学家认为:人格是个体在遗传基础上,通过与后天环境的相互作用而形成的相对稳定和独特的心理行为模式,是人的心理特征和心理倾向的总和。社会学家是从个人和社会的角度理解人格,他们认为,人格既具有品质价值的含义,又包含着伦理层面的含义,它不仅仅是指个体内在的潜能和资质,而且更侧重于个体的社会性和社会性自我。

目前,较为公认的人格定义是:人格是以一定社会经济条件下的伦理道德为主导,在遗传和实践基础上形成的人的生理、心理和行为特质的总和。它包含三层意义:一是人的性格、气质、能力、需要、兴趣、理想、价值观等特征的总和;二是人的道德品质;三是人作为权利、义务的主体资格及其外在表现。

虽然我国古代初始没有"人格"一词,但是中国的思想家历来重视人性与伦理问题的探讨,所强调的"人品""品格"与"人格"是相对应的,因而其理论中孕育着丰富的人格思想。近代,我国学者从日本引入"人格"一词,并很快吸收了这个专有名词。由于历史文化背景的不同,东西方对人格理解差异较大。西方较多的是从心理学的"个体化"层面诠释人格的词义,一般不包含道德的个性化。在我们中国人看来,人格实际上就是一个人的"为人"问题。中国侧重于从伦理学的"群体化"层面诠释人格,人格可以说是心理和伦理的综合。

我国传统文化认为,人的精神价值表现为人格,人格则是人的生命精神价值的实现。因此,人格往往与精神联系在一起。所谓人格精神,是指人的精髓、核心、本质、内在的灵魂和安身立命之处,既体现人对宇宙、生命的认知,也体现人所追求的理想生

活,同时还表现在人的社会实践以及其人格。鲁迅感叹"人是要一点精神的"。在这里,精神往往是一种理念,是一种信仰,是一种品格,并且带有积极、肯定的意味。当一个人不仅关注自身生存,而且还能够关注他人的生存、关注世界时,他的精神是高贵的。因此,人格精神是主体范畴的人的具体个性、道德准则和道德规范等方面在其身上的凝结,它使人有着充实的内容和饱满的生命力。

弗洛姆曾说:"人生的主要使命是自我成长,成为与潜能相符的人,人生奋斗目标最重要的成果,就是自己的人格"。虽然每个人的人格塑造或形成的途径有着明显的个体差异,但是,人的发展是个人社会化和个体化的过程,人格作为主体的一种追求,其形成和实现体现了社会发展与个性发展的统一。所以,个人的发展又受到社会总的人格理念或人格范型的影响。

人格的功用和意义正是在于"给人们的自觉意识树立一个目标,使人们在人格修养上向着好的方向、向着完善人格的方向努力。"当今我国在建设社会主义市场经济的背景下,现代人格应当是真、善、美的和谐统一,是在较高层次的人格理念指导下的人格模式。它对于社会成员的人格塑造起着标尺和导向的作用,是做人的方向和标准,体现着新时代的人生追求和价值取向。

## 二、墨子人格精神的风貌

恩格斯说过,人物的性格不仅表现在他做什么,而且表现他怎么做。墨子代表下层人民的利益,所以在广大人民群众那里生了根、发了芽,成为千年来中华民族推崇的楷模之一,像倡导兼爱、济世救民、崇尚节俭、自苦为义等品质都是中华民族人格的优

## 第二章 墨子人格精神的风貌

秀特质。自我与他人的关系问题,是构成人生的一个重要问题,也是人类道德冲突和纷争的

差等,即不分亲疏远近、高低贵贱的互亲互爱。孔子说:"仁者,爱人"(《论语·颜渊》)、"己欲立而立人,己欲达而达人""己所不欲,勿施于人"(《论语·颜渊》),这就是说,孔子肯定人的尊严,主张人与人之间互相尊重,应当建立爱和信任的关系。这种"爱"就是:

"上治祖祢,尊尊也下治子孙,亲亲也旁治昆弟,合族以食,序以昭缪,别之以……此其所得与民变革者也。其不可得变革者则有矣:亲亲也,尊尊也,长长也,男女有别,此其不可得与民变革者也"(《礼记·大传》)。

这说明儒学自古以来对血缘宗法关系有着某种超常的依恋和执着,父子兄弟之间的血缘亲情以及由此推演、扩展而来的君臣之义,被视为神圣而不容亵渎和侵犯的。于是,在孔子的学说中,爱人之个重要根源。对此,孔子提出了"仁"的学说,墨子提出"兼爱"的命题,这两者有较大的区别。在自我与他人关系中,孔子的"仁"是"爱有差等",而墨子的"仁"则是爱无

(一)兼爱天下的人格品质

"仁"在这一观念的制约下,被赋予了一种"仁者,人也,亲亲为大"(《中庸》)的规定。故此,孔子的'仁爱'是有等级差别的。

"兼爱"是墨子道德哲学的重要范畴,也是墨子人格的一种本质规定,它的精神实质就是给人实际的利益。春秋战国之际,身处乱世的墨子认为,战乱四起,祸害横行,就在于"当(尝)察乱何自起?起不相爱"(《墨子·兼爱中》),即人们不兼爱而交相别,乃是天下祸乱的根源。这种不相爱,源于人们不能尊重他人的生

命价值,否认他人生命价值的存在,只强调个人的自爱,即自私自利。只有去掉自私自利,才能消灭一切罪恶。为此,墨子提出他的救世主张——兼爱。何为兼爱?

对墨子来说,兼爱,即互相爱护,是一种不分彼此和远近,原则上是一律平等的爱,就是:

"藉为人之国,若为其国,夫谁独举其国,以攻人之国者哉?为彼者,由为己也。为人之都,若为其都,夫谁独举其都以伐人之都者哉?为彼者犹为己也。为人之家,若为其家,夫谁独举其家以乱人之家者哉?为彼者犹为己也。"(《墨子·兼爱下》)

这种"为彼犹为己"《墨子·兼爱下》的人格精神正是墨子的追求。墨子还为自己的理想设计了一个至高的境界,即"天下之皆相爱,强不执弱,众不劫寡,富不侮贫,贵不傲贱,诈不欺愚"(《墨子·兼爱下》),主张用"爱"去构建一个人人平等、和睦相处的社会。无怪乎孙中山先生曾说"古代最讲爱字的莫过于墨子"。

墨子认为,"兼相爱,交相利"的内涵,表现为爱与利的同一,即情感与理智的交融。故墨子曰:

"爱人者人亦从而爱之,利人者人亦从而利之,""此自爱人利人生"(《墨子·兼爱上》),"若见爱利家者,必以告"。(《墨子·尚同》)

可见,爱不可不言利,利不可无爱,两者有机交融,构成圆融和谐的整体。爱利之间是双向平等的道德准则,在墨子人格精神中表现为以下几个的方面:

首先,兼爱既是墨子的救世主张之一,也是其处理人与人、国与国之间关系的伦理准则。在处理人际关系上,墨子把"兼爱"作为一种社会道德准则。墨子说:"兼即仁矣、义矣"(《墨子·兼爱

下》),他认为,"兼"就是"仁""义",就是一种爱人利人之德,爱人就是为了利人。墨子举了一个例子,有一个即将远游的人要在兼、别两士之中选择一人来照料他的家庭,虽然可能此人不主张兼相爱,但是他还是会选择兼爱之士。这是因为兼爱之士能照料好他的家庭,有利于他的切身利益,这生动地说明了兼爱之士是受社会普遍欢迎的。人们在选择朋友时,心理上、思想上总偏爱于兼爱之士。在这里,墨子塑造的兼爱之士,是平民阶层的最高典范,也是自己追求的完美人格。

墨子把小生产者的善良品质和扶难救贫的精神加以升华,提出"爱无差等""不辟亲疏"的主张。与此同时,众多礼义规范也是"兼爱"的必然结果,故墨子曰:

"君臣相爱,则惠忠;父子相爱,则慈孝;兄弟相爱,则和调;天下之人皆相爱,强不执弱,众不劫寡,富不侮贫"(《墨子·兼爱下》)。

可见,如果人人时时刻刻地为他国、他家、他人着想,并遵守相应的礼节规范,人们之间就能和睦相处,社会就变得和谐安宁。因此,兼爱正是墨子人格精神的品质。

其次,墨子人格精神中的兼爱品质在战争观上表现为"非攻"。墨子把这种平等的爱看作避免战乱祸患的前提条件。"诸侯相爱,则不野战;家主相爱,则不相篡;人与人相爱,则不相贼"(《墨子·兼爱下》),墨子认为,战争于国于民有百害无一利,兴师征伐,祸国殃民。为此,墨子提出了"非攻"的主张。"非攻"对大国和强国,尤其对好战的君王是一个约束,对小国与弱国则是一个保护。同时,非攻可以制止战争、减轻人民痛苦等方面确实发挥了重要的作用。为此,墨子亲自率领弟子止齐攻卫、止楚攻

宋、止齐攻鲁等，尤其止楚攻宋，更是成为人类反战史上的一大壮举：当墨子得知公输般替楚国造了云梯准备攻宋，急忙从鲁国出发，十日十夜，足重茧而不休息，裂裳裹足，至于郢，费尽心思和口舌终于阻止了一场大的战争。可见，"非攻"正是墨子兼爱品质的深刻体现。

再次，墨子的兼爱在政治观上的反映是"尚贤"。在墨子看来，兼爱首先强调人格平等，提倡人人政治地位的平等，这展示了一个正在觉醒的平民阶层对人的尊重、人的权利的追求和对人的智慧的肯定。这种平等兼爱的意识充分体现在"尚贤"的政治观上。墨子反对宗法"亲亲"制度，力求任贤使能，主张"尚贤"。墨子指出："官无常贵，民无终贱"（《墨子·尚贤上》），"不党父兄，不偏富贵，不嬖颜色"（《墨子·尚贤中》），"虽在农与工肆之人，有能则举"（《墨子·尚贤上》），墨子强调平民也享有政治权利，做到人尽其才，才尽其用。当墨子游至楚国时，向楚王献策，楚王因墨子是"贱人"，不用其主张，墨子故曰：

"唯其可行。譬若药然，草之本，天子食之，以顺其疾，岂曰'一草之本'而不食哉？今农夫入其税于大人，大人为酒醴粢盛，以祭上帝鬼神，岂曰'贱人之所为'而不享哉？故虽贱人也，上比之农，下比之药，曾不若一草之本乎？"（《墨子·贵义》）

墨子认为，选贤使能乃治国安邦的良药，统治者不应当因为献策者是"贱人"，而不采用这副"良药"。可见，墨子的"尚贤"是从生存权的自然平等发展到政治权利的平等的表现，这种人格平等、政治平等的观念正是墨子人格精神中兼爱品质的必然结果。

最后，墨子把感情范畴的"爱"与经济范畴的"利"结合在一起，使爱落实于利，以利体现爱。简而言之，墨子把兼爱的人格品

质应用到改善平民生活处境上。墨子认为,物质利益的合理分配,是使社会的每一个成员都能过着温饱而不奢侈的生活。但是现实生活中:

"是以富贵者奢侈,孤寡者冻馁,""厚作敛于百姓,暴夺民衣食之财,""厚葬久丧……天子杀殉,众者数百"(《墨子·辞过》)。

统治阶级的荒淫无度,使百姓饱受苦难。因此,墨子提倡爱人、利人,并将这种爱人、利人的品质变成一种普遍的社会行动,这种兼爱的实质就是要保护百姓的生命和物质利益。为确保百姓的物质利益,必须在政治和道德行为方面约束统治者,这种约束就是节用、节葬、非乐。这些约束对统治阶级来说,是对他们行为和生活的一种制约;对百姓来说,是现实状况的一种改善,以实现"万民之食之所以足也"(《墨子·兼爱下》)。

可见,孔子与墨子对"仁者爱人"的理解是不同的:孔子的"仁者爱人"是爱有差等。孔子强调的"仁",更多的是对个人思想、修养、品质、道德等精神方面的一种要求和训练,是一种道德修养的理想境界。墨子的"仁",要求的是兼爱,即"爱无差等"。并且,墨子更多的是强调同利,即要求仁是一种能给人实际物质利益好处的行为。墨子为了实现兴利除害的理想社会,上说下教,四处奔波,席不暇暖。他不仅教导老百姓实行兼爱,而且说服王公大人来提倡兼爱。墨子本人更是兼爱的实践者,他一直过着俭朴的生活,以自苦为极,以实际行动履行他所倡导的"财以分人""道以教人"的社会理想。他认为人一旦具备兼爱的品质,社会就会稳定,万民衣食就会得到富足,国君就会仁惠,大臣就会忠诚,为人父者就会慈善,为人子者就会孝顺,为人兄者就会友善,为人弟者就会恭敬。

由此可见,兼爱就是墨子最完美的道德品质和人与人之间相爱互助的牢固纽带,是体现道德原则的人格特质。只有具备了兼爱的人格特质,才能保证人们之间的和睦相处,社会的和谐稳定。因此,墨子人格精神中的兼爱品质包含了政治平等的尚贤、经济平等的节用,人生自我保障的非攻。日本学者池田大作曾这样评价墨子:"我认为墨子的爱,比孔子的爱更为现代人所需要。"

(二)强力而为的人格特征

"赖其力则生""强力而为"所体现出刚毅进取的人格品质,是墨家的精神风貌,也是墨子人格精神的基本内涵之一。墨子从人与自然的对立统一关系中,提出了"强力"的思想。

墨子云:"今人固与禽兽麋鹿鸟贞节虫异也……故唯使雄不耕稼树艺,雌亦不纺绩织纴,衣食之财固具矣。今人与此异者也,赖其力则生,不赖其力则不生。"(《墨子·非乐上》)

墨子指出,动物的生存依赖于自身生理优势,人是依赖自身的力量谋求其生存和发展,这是人与动物最根本的区别,也是人类活动高于动物本能的显著标志。墨子认为,人们要想得到物质的满足就必须从事强力劳动,故墨子曰:"力强从事,则财用足也",(《墨子·天志中》)这不仅充分肯定了人"力"的价值,而且进一步地揭示了人必须通过自身的主观能动性才能求得生存与发展。墨子主张强力,强调"赖其力者生"。"力",在《说文解字》中指"筋力也,象人筋之形,治功曰力,能御大灾。"故"力"与"强"不可分开,主"力"必离不开"强"。在墨子看来,社会治乱,国家安危,天下之治的实现必须依赖于"强力"的作为:

"彼以为强必治,不强必乱;强必宁,不强必危。故不敢怠倦。今也卿大夫之所以竭股肱之力,殚其思虑之知……以实官府而不

## 第二章 墨子人格精神的风貌

敢怠倦者,何也？曰:彼以为强必贵,不强必贱;强必荣,不强必辱。故不敢怠倦。今也农夫之所以蚤出暮入,强乎耕稼树艺,多聚叔粟而不敢怠倦者,何也？曰:彼以为强必富,不强必贫;强必饱,不强必饥……彼以为强必富,不强必贫;强必暖,不强必寒。故不敢怠倦。"(《墨子·非命下》)

墨子认为,无论是个体生活的富足安康,还是国家社会的稳定繁荣,都需要人们的辛勤劳作和热情参与,都是人为努力的结果。

对社会发展的看法,对社会秩序的稳定、调节,墨子始终关注人事努力,强调人力对社会的支配和控制,所以极力非命。儒家认为:"君子有三畏:畏天命、畏大人、畏圣人之言。"(《论语·季氏》)"死生有命,富贵在天。"(《论语·颜渊》)"道之将行也与,命也;道之将废也与,命也"(《论语·宪问》)。就是说,儒家把命看作是冥冥之中支配人生的一种盲目力量,对于命,人却无能为力。这说明了儒家天命观的实质是极力维护旧的统治秩序的。墨子竭力地反对儒家的"天命观",提出了"非命"的主张。他认为人应当"强力而为",只要人们充分发挥自身的潜力潜能,就可以改变命运。

墨子认为"天命"使"群吏信之则怠于分职,庶人信之则怠于农事;吏不治则乱,农事缓,贫且乱"(《墨子·非命下》),墨子指出,如果人们相信"天命",就不能有作为,那么官吏们便不努力工作办事,农夫妇女便不努力耕织,结果就造成国家"贫且乱"。从历史事实来看,同样的时代和人民"在于桀纣,则天下乱;在于汤武,则天下治"(《墨子·非命上》),墨子指出命定论的消极作用,对上蛊惑管理者处理政务,对下阻碍百姓劳作,是百害而无一利。

— 31 —

强的另一层意思,是要求人们具有进取、创新的态度,这正是墨家与儒家不同之处。孔子"述而不作,信而好古"(《论语·述而》);墨子认为"述而不作"非君子之道:

"人之其不君子者,古之善者不诛,今也善者不作。其次不君子者,古之善者不遂,己有善则作之,欲善之自己出也。今诛而不作,是无所异于不好遂而作者矣。吾以为古之善者则诛之,今之善者则作之,欲善之益多也。"(《墨子·耕柱》)

墨子认为,当初的巧垂不作舟,便无船可以济水;奚仲不造车,便无车可以行陆。若人人只述不作,没有创新,就没有未来。因此,"述而且作"的目的也在于"利民"。墨子不仅在社会科学、自然科学领域创建了不同凡响的理论,而且在长期的生产实践中,还有许多利于当时、骄于后世的发明创造,给后人留下了宝贵的物质财富和精神财富。英国科学家李约瑟这样称赞《墨子》:"可成为亚洲的自然科学之主要基本概念""其所描出之要旨正为科学方法全部理论"。"述而且作"的精神是墨子人格中积极进取与创新精神的光辉写照。

墨子强调人要发挥主观能动作用,倡导自强精神。故此,墨子特别提倡这种"强力而为"的精神,他本人就是一位刚毅进取的典范。墨子一生行义,坚守"兴天下之利,除天下之害"的目标,始终不为高爵厚禄所动摇,也不因困难而改变初衷。墨子在个人的学习和修养上,对各种各样的自然情欲加以限制,"必去六僻……必去喜、去乐、去悲、去爱、去恶",以追求自身人格的完善;在思想上,他竭力宣扬"强必贵,不强必贱,强必荣,不强必辱,故不敢怠倦"(《墨子·非命下》)。

在墨子看来,个人的命运,国家与社会的命运,都应当而且也

只能掌握在自己手里,其兴衰存亡、祸福沉浮,均由"人力"所定。因此,墨子都是勇敢地去面对现实,努力寻找解决的办法和途径;在实践上,墨子周游列国,推行十论,当君主不愿实行墨子的主张时,他从不向命运低头,始终坚持行道。在《墨子·鲁问》篇中记载墨子一心向道,无意问俸禄之事:

"子墨子游公尚过于越。公尚过说越王,越王大说,谓公尚过曰:'先生苟能使子墨子于越而教寡人,请裂故吴之地方五百里,以封子墨子'。子墨子谓公尚过曰:'子观越王之志何若?意越王将听吾言,用我道,则翟将往,量腹而食,度身而衣,自比群臣,奚能以封为哉?抑越王不听吾言,不用吾道,而吾往焉,则是我以义粜也'"。

这种坚持以义为目标,努力不懈、坚守原则、屹立不摇的精神,正是墨子"刚毅进取"人格精神的写照。强与非命是墨子人格特征的意志力,是促进个人发展及社会前进的人格特质。墨子提倡"强"的品格,在"强"的品格内涵支持下所表现出来的行为便是"上强听治,下强从事""赴汤蹈火,死不还踵"等可贵精神。可见,墨子人格精神中的强,体现为一种刚毅进取,崇尚气节,坚持真理,临难不惧的人格特征。

(三)匡时救弊的侠义风范

墨子的"兼爱天下的人格品质"与"摩顶放踵"匡时救弊的献身精神是分不开的。如果说兼爱作为墨子人格品质而光照千古的话,那么墨子为实现其理想而匡时救弊的侠义风范,更是墨子人格精神的独特写照。

墨子基于兼爱的立场认为,"万事莫贵于义",指出"义"是天下最宝贵的东西。在墨子眼里,凡利国利民均为"义",为义就是

为了公众、国家谋取利益。为了"为义",可以牺牲一切,这种为义,就是墨家的侠义精神,墨子称它为"任"。"任,士损己而益所为也"(《墨子·经说上》),注曰:"谓任侠"。而任侠精神的实践方式是:"任,为身之所恶以成人之所急",即尚勇重义、达信轻生,这使墨子摈弃了尘世俗事的困扰,形成了士为知己者死的献身精神。故侠义的精神是指,敢于强力而为,赖力仗义,以义正人,乐于除暴安良。墨家行为具有天然的侠义色彩。鲁迅称道:"墨子之徒为侠。"

救世是战国诸子共同的理想,而墨子作为一位以救世为己任的政治实行家,对人、对社会的道德责任感,比任何学者都来得积极、强烈和执着。道家主张清净无为、全真养性、消极避世,自不待言。就是主张入世的儒家也比墨家逊色得多。虽然,孔子主张入世并一度官至司寇,而且培养教育弟子参政,但那是有条件的。儒者在行为上:"危邦不入,乱邦不居。天下有道则见,无道则隐"(《论语·泰伯》);对于其学说,"用之则行,舍之则藏"(《论语·述而》);在修养方面,"道不行,乘桴浮于海"(《论语·公冶长》)、"穷则独善其身,达则兼济天下"(《孟子·尽心上》),这些言语明显暴露了儒家消极的一面和明哲保身的圆滑。孔、孟的本志都是救世济民,但是并没有直接办法,只有希望当时君主来任用;如君主不肯任用,便只好独善其身了。墨子的态度,比儒家更为积极。他兼爱天下,肯为天下大众而牺牲自己。

墨子把兴利除害、匡时救弊、摩顶放踵,利天下而为之,作为道德责任意识,因此,扶弱以抗强,任侠仗义,士为知己者死的作风一直是墨子的本色。墨子曾与徒弟禽滑厘讨论如何为弱国守城:"甲兵方起于天下,大攻小,强执弱,吾欲守小国,为之奈何?"

## 第二章 墨子人格精神的风貌

子墨子曰:"何攻之守?"禽滑厘对曰:"今之世常所以攻者"(《墨子·备城门》)。我们可看到,先秦诸子中,像墨子这样坚定地站在弱者一边,实在是绝无仅有,而同情弱者,正是侠义精神的发端。所以,墨子一直反对以强欺弱、以大欺小的不义战争,认为救世济民与"兼爱"精神是一致的,指出人应有忧患救世的意识,并应当身体力行,主张"功不待时"(《墨子·经说上》)。儒家入朝参政,主张"君子若钟,击之则鸣,弗击不鸣"(《墨子·非儒下》),表现出世故和圆滑。对此,墨子强烈地抨击,认为"事上竭忠,事亲得孝,务善则美,有过则谏,此为人臣之道也"(《墨子·非儒下》)。墨子认为:

"凡入国,必择务而从事焉:国家昏乱,则语之尚贤尚同;国家贫,遇语之节用节葬;国家熹音湛湎,则语之非乐非命;国家淫僻无礼,则语之尊天事鬼;国家务夺侵凌,即语之兼爱非攻"(《墨子·鲁问》)。

同时,墨子并不信奉儒家的"不在其位,不谋其政"(《论语·泰伯》),也不信奉道家的"无为而治",而是选择牺牲自我、杀己以存天下的途径,来实现拯民救世,重建人间正道的理想社会。这说明,墨子无论是天下有道无道,无论是治邦乱邦,都不惜蹈刃走险,在所不辞。可见,墨子具有"知其不可为而为之"的救世热情和奋斗的精神,这与儒家"危邦不入,乱邦不居"明哲保身的思想是对立的,突显墨子人格精神中强力从事和高度热诚的侠义风范。

墨子和其他诸子一样,读书治学,四处游说。但是,他读书治学,四处游说的目的,不是谋求利禄,而是匡时救弊。越王曾以封五百里之地的许诺,请墨子出仕越国,但墨子恪守道义,毅然辞

之,充分体现了道义高于利禄的坚定立场;其弟子高石子在卫国爵高禄厚,但因卫君无道"去而之齐",墨子以此为典型教育其他弟子"倍(背)禄而乡(向)义";学者巫马子从极端利己主义角度出发,责骂墨子"子之为义也,人不见而助,鬼不见而富,而子为之,有狂疾",认为墨子兼爱、为义是神经病。墨子并不在乎他人对自己的评价,他以治天下为己任,至于别人的毁誉及个人物质利益与精神上的得失,墨子根本就不放在心上。这表现了墨子的"为义"完全摒弃个人恩怨、荣辱和得失;在与他人辩论何时何地"为义"时,墨子指出,"见我从事,不见我亦从事"(《墨子·耕柱》),可见,墨子的"为义"纯粹是出于一种崇高的责任感和救世精神。这些事例,足以见墨子心忧天下、大公无私的精神境界。正如蔡尚思先生所说,"只知损己杀己去利人利天下的伟大精神"。

在墨子精神的感染和鼓舞下,墨家门徒皆效法夏禹,"以裘褐为衣,以跂蹻为服,日夜不休,以自苦为极"(《庄子·天下》)。他们在长期的实践磨炼中,形成了坚定不移的信念和坚忍不拔的意志,在面临生死荣辱的抉择时,墨家弟子表现出大义凛然的献身精神。他们同墨子一样,为了"行义"而"赴汤蹈火,死不旋踵"(《淮南子·泰族训》),体现了为"为义"而超越生死,勇于自我牺牲的崇高精神境界。陆贾的《新语·思务》中曾讲:"墨子之门多勇士。"其中,墨者巨子孟胜以死报阳城,乃至墨家弟子83人以身殉孟胜的壮举,就是一个典型的事例,这正体现了以死报知己,以命践信义的可贵精神。从墨子门徒的英烈壮举中,墨子人格精神的感召力也可见一斑。

虽然儒、道两家的代表人物孟子、庄子都极力反对墨学,但

是，他们对墨子的人格精神却是赞不绝口。孟子说：

"杨子取为我，拔一毛而利天下，不为也。墨子兼爱，摩顶放踵利天下，为之。子莫执中，执中为近之，执中无权，犹执一也。所恶执一者，为其贼道也，举一而废百也。"（《孟子·尽心上》）

只要有利于天下，虽牺牲了全身，亦无不肯；庄子云："墨子真天下之好也。"（《庄子·天下》）韦政通先生认为：儒者为传统社会建立了师道，墨者则以其侠义精神、遗爱人间。可见，墨子本人所表现出来的匡时救弊的侠义风范，不仅在当时堪称人格的典范，而且对中华民族精神的形成和发展也有着积极而深远的影响。

（四）自苦为义的生活作风

墨子针对当时社会现象，提出与儒学抗衡的主张。儒家所强调的礼乐文化，实际上代表较高的文化生活，但是对于衣不暖食不饱的平民看来，却是一种生活的浪费和点缀。相对于儒家的过分讲究"礼"，墨家更注重节俭的生活习惯，提倡自苦为义的生活作风。

墨子时代，生产力虽有所发展，但是百姓温饱安居仍属难事。"庖有肥肉，厩有肥马；民有饥色，野有饿莩"（《孟子·梁惠王》）。墨子认为，战争频繁，百姓流离失所，大多数贫民"勤苦冻馁，转死沟壑中"（《墨子·兼爱下》），然而，王公大人们生前不仅"高台厚榭，暴夺民衣食"，奢侈浪费，而且死后"厚葬久丧"，对老百姓来说更是雪上加霜。对此，墨子激愤地指出，生存大计与道德高低有密切的关系，《墨子·七患》云："故时年岁善，则民仁且良；时年岁凶，则民吝且恶。"要实现"刑政治，万民和，国家富，财用足"的理想社会，首先要使"百姓皆得暖衣饱食"。故此，墨子站在平民立

场,用平民的生活标准批判了统治的奢侈浪费,提出抑制的办法:节用、节葬、非乐。因为节用、节葬等可以强本固国、利民顺治。

墨子提出节用、节葬和非乐的总原则是:

"是故古者圣王制为节用之法,曰:'凡天下群百工,轮车鞼匏、陶冶梓匠,使各从事其所能',曰:'凡足以奉给民用,则止。'诸加费不加于民利者,圣王弗为……其旁可以圉风寒,上可以圉雪霜雨露,其中蠲洁,可以祭祀,宫墙足以为男女之别,则止。'诸加费不加民利者,圣王弗为。"(《墨子·节用中》)

墨子认为:圣王的"节用之法"是把衣食住行限定在满足最基本的生存需要范围之内。所以,墨子以圣王"节用之法"的标准作为尺度,并以三代圣人尧舜禹作为典范,指出"圣人之法"这一标准是对所有人的共同要求。它既反对"奢侈之君",也谴责"淫僻之民";既劝告君王应当"用财节,自养俭",吸取"俭节则昌,淫佚则亡"的深刻教训,也要求一般民众不可"恶恭俭""贪饮食"。

在实践节用的过程中,墨子所表现出的"自苦""无我"的崇高精神,一直为后人所称道。墨子一生生活清苦,对于物质没有高的需求,只要能"足以充虚续气,强股肱,耳目聪明,则止"(《墨子·节用中》)。因而,墨子把自苦为义当作行为的准则,活着不贪图享乐,穿的是"短褐之衣",吃的是"藜藿而羹"(《墨子·鲁问》),死后也只要求"衣三领,足以朽肉;棺三寸,足以朽骸;掘穴不通于泉,流不发泄则止"(《墨子·鲁问》)的薄葬。为推行兼爱的主张,实现兴天下之利的目标,墨子倡导大禹沐雨栉风,形劳天下的自我牺牲精神,墨子本人就是大禹式的人格。墨子日夜劳作不休,"席不待暖"(《班固·答宾戏》),不畏艰难和辛劳,奔走于各国,宣传、实践他的主张,做到了"摩顶放踵利天下为之"(《孟

子·尽心下》),以至于"枯槁不舍"而"务世之急"(《庄子·天下》)。

墨子曾对越王说,只要用他的道理治国,自己同老百姓一样"度身而衣,量腹而食"(《吕氏春秋·高义》)也就满足了。由此可见,墨子提倡和贯彻"节用"思想的坚定性,体现了墨子节俭朴实的生活作风,反映出"自苦利天下"的崇高境界。在墨子吃苦耐劳、自苦为义的精神影响下,墨子的大弟子"禽滑厘子事子墨子三年,手足胼胝,面目黧黑,役身给使,不敢问欲"(《墨子·备梯》)。简而言之,墨子的弟子效仿墨子吃苦耐劳的生活作风,正是墨子人格精神的侧面写照。

毫无疑问,俭节不仅是个人的品格修养问题,而且是一个国家、民族的品格、风气问题。国家只有俭节,经济才能发展,民众才能更好地安居乐业,国家如果走淫佚之路,结果只能是国家衰亡,民不聊生。

(五)言信行果的行为准则

墨子创立的墨家学派是一个有着严格组织的学派,又是一个有着强烈社会实践精神的学派。正是因为这种实践自己社会理想的需要,才使得墨家在先秦众多流派中一枝独秀。墨子及弟子们吃苦耐劳,严于律己,把维护公理与道义看作是义不容辞的社会责任。墨子指出:

"世之君子欲其义之成,而助之修其身则愠,是犹欲其墙之成,而人助之筑则愠也,岂不悖哉……吾言足用矣,舍言革思者,是犹舍获而拾粟也。以其言非吾言者,是犹以卵投石也。尽天下之卵,其石犹是也,不可毁也"(《墨子·贵义》)。

在墨子看来,"君子以身戴行者也"(《墨子·修身》),无论是

从事任何事业,必须以身、行为本,使思想与行为达到自觉的统一。墨子积极参与实践,遵循着言信行果的行为准则,这正是墨子人格精神的闪光点。

韦政通先生评价儒者:孔孟为了实现他们的理想,曾周游各国,不过他们周游各国,游说诸侯的目的,是"得君行道"。所谓得君行道,主要是希望诸侯们能接受他们的思想,由国君去实现他们的理想,他们自己虽也寻求出任的机会,但目标是希望当国师,能尽教化的责任,所以他们所扮演的角色,仍属思想型的人物,他们师徒形成的集团,乃是一种讲学的团体。

这说明虽然孔孟都有救国的情怀,但是他们更注重强调个人道德品质的修养,并没有提出非常具体的方案和措施。儒家为人们设计了一条人格的实现途径:内圣外王之道。内圣,就是通过内在的心性修养,以达到圣人的道德境界;外王即通过内心反省所修炼出的德行推广至事功致用。但是,儒家在原则上和理论中所强调的"内圣"和"外王"同时并举、内外兼修,不过是希冀与向往,实际上二者却是长期脱节的,在客观效果方面往往造成只注重内在的心性修养,而忽视了向外力的开拓,进取意识,使所谓的"治国平天下"仅仅流于空谈。

与儒家不同,墨子不是个光说理论的人,而且还是自我理论的实践者。他主张口言身行,言行一致,理论不是说着玩的,要能实际行得通才行,不但要行得通,而且还要有成效。墨子云:"言足以迁行者常之;不足以迁行者勿常。不足以迁行而常之,是荡口也。"(《墨子·耕柱篇》)

他曾指责告子"口言之,身必行之。今子口言之,而身不行,是子之身乱也"(《墨子·公孟》),指出对方言行不一是道德修养混乱的表现。墨子认为理想的状况应是"言必信,行必果,使言行之合,犹合符节也,无言而不行也"(《墨子·兼爱下》),指出口讲仁义,就应该身体力行,以仁义之道修养身心、治理国家,建立个人与他人、个与社会之间的理想秩序。

面对祸乱怨恨、战争连绵的社会现实,墨子一生不仅东奔西走,周游列国,坚持"言不听不处其朝,义不行不谋其官"的原则,而且派弟子游仕各诸侯国。在与儒者论"仁或不仁"时,墨子谴责儒者只注重"穿古服说古言"的表面功夫,指出"行之不在服","仁"与"不仁"不在于古服和古言,而在于有所作为。墨子强调言行一致,以行为本:

"君子战虽有陈,而勇为本焉;丧虽有礼,而哀为本焉;士虽有学,而行为本焉。是故置本不安者,无务丰末;近者不亲,无务求远;亲戚不附,无务外交;事无终始,无务多业;举物而暗,无务博闻。是故先王之治天下也,必察迩来远,君子察迩,修身也。修身,见毁而反之身者也,此以怨省而行修矣"(《墨子·修身》)。

墨子所说的勇、哀、行不仅指的是个人的内在精神、品格和修养,而且更多地是指个人的行为实践。墨子极力反对儒者"扣则鸣,不扣则不鸣"(《墨子·公孟》)的处世态度,指出为了国家、百姓的安危,应当做到"不扣则鸣"地积极入世的态度,墨子并把入世作自己聚徒授学的基本目的。

墨子不仅到处宣传自己的主张,不辞劳苦,"遍从人而说之"(《墨子·公孟》),而且"以绳墨自矫而备世之急"(《庄子·天下》),并以实际行动反对不义战争。墨子亲自率领弟子止齐攻卫,止楚攻宋,止齐攻鲁等,尤其止楚攻宋,更是成为人类反战史上的一大壮举;墨子献书楚惠王,楚惠王不采取其主张,但表示乐

意养贤人,以书社五百里封之,墨子不受而去;墨子的弟子高石子仕卫,卫国爵高实禄厚,但因卫君无道,"高石子三朝必尽言,而言无行者,去而之齐"(《墨子·耕柱》),墨子极力称赞弟子高石子持义背禄,"倍禄而乡义者,于高石子焉见也"(《墨子·耕柱》)。相反,墨子的弟子胜绰见利忘义,助项子牛三侵鲁地,"言义而弗行,是犯明也,绰非弗之知也,禄胜义也"(《墨子·鲁问》),墨子听到此事,非常生气,认为胜绰身为墨家弟子,竟然放弃"兼爱、非攻"的主张,于是派另一个弟子高孙子去请项子牛斥退胜绰。以上几例可知,墨子本身就是一个力行实践的好榜样,他不仅在观念上教人实践,而且是实实在在的追求。"言必行,行必果"不仅是墨子遵守的行为准则,而且是墨者必须恪守的信条。墨家的成员都继承了墨子吃苦耐劳、艰苦奋斗,为正义赴汤蹈火、死不旋踵的献身精神。其中,墨者腹䵍大义灭亲就是一个典型的范例:腹䵍为实行墨家之义,继承墨子的事业,大义灭亲,杀其子以正法,这正是墨子的人格精神中言信行果的体现。

墨子的精神作风为取大义注入了一股积极精神,取义不只是一种豪言壮语,而且还是一种言行一致,付之于实践的献身行为。这种献身行为不只表现在生死荣辱存亡关键时刻的以身殉义,而且表现在长期的艰苦卓绝的实践活动中孜孜不倦的追求、奋斗。

荀子评墨子为"瘠黑",庄子的《庄子·天下》篇评之谓"枯槁不舍",前者乃墨子外貌标志,后者乃墨子内在精神的动力,这都属于他人格特质的一部分,这种特质与他的出身有密切联系。墨子的出身,不仅决定了他的文化取向,也影响了他的人格特质。墨子提倡扶弱济贫、吃苦耐劳、重信义、友爱互助等,这类思想和价值观一直受到人民的称赞。墨子的人格精神似涓涓溪流,千年

第二章　墨子人格精神的风貌

流转不息,有着恒久的超越时空的生命力。

两千多来年,思想家、政治家都高度赞扬墨子的人格精神:庄子说:"墨子备世之急,枯槁不舍,才士也夫。"司马谈说:"墨子之所长,虽百家弗能废也。"梁启超疾呼:"假使中国今日有墨子,则中国可救!"鲁迅说:"墨子是中国的脊梁。"毛泽东赞誉墨子为"平民圣人"。"墨子能在中国文化中取得这一重要的地位,不在哲学家这一角色,更不在宗教这一角色,而在他的反侵略、反战争,热情救世、力行不懈的牺牲精神。他的思想是因受到这一精神的支持,才被重视。他的人格,不仅能感召一世,且足以震动万代,这就是墨子的真正伟大之处。

## 第二节　墨子人格精神的积极性

李政道曾说过:"一个依赖过去的民族是没有前途的民族,一个忘记祖先的民族也是没有希望的。"所以我们研究墨子的人格精神是为了古为今用,发现其有价值的部分并大力弘扬。

墨学作为渊源于深厚传统文化、又根植于现实社会实践的一种思想,是不可能真正消失的,墨子的人格精神实质仍然存在。近代时期的激进人士都自觉地效法墨子,用墨子的人格精神要求自己,激励民众。梁启超针对当时中国社会国民素质的状况进行了全面细致的剖析,认为长期在封建专制统治下所形成的顺民性格给国民造成了严重的危害,深刻地阐述了改造国民性的必要性和紧迫性。梁启超认为要想救亡图存,只有学墨。他把墨家人格精神归结为"轻生死"和"忍痛苦",认为这两种精神正是当时拯救中国所必需的。如果说梁启超是宣传墨家精神的最有力者,那

么,谭嗣同则是墨家精神的实践者。谭嗣同不仅"私怀墨子摩顶放踵之志矣",而且舍生赴死,慷慨就义。胡适也认为:"墨翟也许是中国出现过的最伟大的人物",又说"儒学已长久的失去了它的生命力,而中国哲学的将来,有赖于从儒学枷锁中解放出来,有赖于非儒学派的复兴,而这些非儒学派曾经在古代中国跟儒学同样的盛行。"不言而喻,胡适希望复兴的非儒学派首先即是墨学。孙中山说:"据儒家的精神,吸取墨家的精华、实践的科学精神。"可见,孙中山广泛吸取中国传统优秀文化,其中更多的是墨家价值观的精华,使之成为资产阶级革命指导思想的一部分。上述分析可知,改良派和革命派都将经过近代改造的墨学作为他们的理论基础,使墨家精神和墨子人格精神成为近代人们探索救国救民道路的精神动力和理论武器。

人的现代化是社会现代化的前提,现代人格的确立是社会现代化的必然要求。在现代社会中,只有提升人的精神与人的价值,塑造崭新的现代人格,才能产生巨大的感召力,从而促进社会发展,实现现代化。现代人格不仅是和谐社会建设中我国国民人格的基本模式,而且也是真、善、美和谐统一的人格范式。所谓"真",表示人格特质是符合现代社会的发展规律和必然趋势的,也指人们对自己的心理特质、行为规范和角色模式的现代性具有真实的、全面的认识。所谓"善",指人格是符合社会伦理规范的,是有利于大多数社会成员利益和社会进步的。所谓"美",是指人格具有的创造性和唤起人的美感的特性。传统是个庞杂的库藏,糟粕与精华并存。墨子的人格精神也是如此。墨子的人格精神是在由奴隶制社会转变为封建社会的过程中形成的,因此,墨子的人格精神毕竟是源于历史的沉淀,免不了打上其时代及阶级的烙印。

## 一、墨子人格精神的积极性

传统是现代的历史和渊源,现代是传统的发展和延伸。墨子的人格精神在古代和近代具有重要影响和积极意义,已被公认为民族性格与精神的重要组成部分,给中华民族精神注入了积极元素。现代的社会,以人为本,崇尚人文关怀,强调人的主体能动作用,这就要求塑造与之相适应的现代人格范式。因此,墨子人格精神的应当与新时代结合,在新的历史条件下显现出新的生命力,彰显出独特的魅力,为构建现代人格提供重要的启示。

### (一)人格主体的平等独立性,有利于促进社会的和谐发展

墨子人格精神中的兼爱品质,打破了人伦上的亲疏不平,是一种抛掉血缘和差别的观念,是"爱无差等"(《孟子·滕文公上》),是以每个人的平等生存和平等获利为目的的。墨子认为,在爱无差别的社会里,人作为社会主体必须"赖力而生""强力而为",这种生存观表明了人所具有的独立性。同时,墨子的"尚贤"是从生存权的自然平等发展到政治权利的平等的表现,显示了墨子对人格平等的大力张扬,这种人格平等、政治平等的观念正是墨子人格精神中兼爱品质的必然结果。

从这方面来说,墨子的"仁者爱人"承认了人的主体性,强调了人存在的平等。平等就是要求消灭一切等级特权,尊重每一个人,提倡人格的独立性。因此,人格独立性是墨子人格精神的基本内涵。真正的民主与平等既是墨子人格所具备的,也是人类共同的追求和社会发展的方向。正是在这一点上,儒家和道家不太

适应时代的潮流。儒道的理想在本质上都是非民主和不平等的,他们均致力于从思想意中淡化或抹掉平民对非民主平等的不满和反抗心理,而这实际上是阻止平民自觉的蒙昧主义,对现代社会的民主与平等来说,则是一种起消极作用的精神阻力,是一种惰性。

中国传统的社会,是一个家国同构的社会,传统的人都有着很强的"亲亲有术,尊贤有等""我族中心主义"的思想,在这种影响下,中国传统社会所形成的基本上是一种畸形的血亲人格。这种血亲人格是一种主要限于血族而以自我为中心的狭隘的小农意识与自私品格。这种血亲人格与以人为本的现代社会产生了冲突。现代社会实行的市场经济是以独立自主的人为基础的,它要求个体具有独立的人格,具有独立的思考、判断和选择的能力。因此,人格主体的平等独立,是现代人格的基本内涵之一。唯有这样,现代人才容易接受现代意义的法律观念,也才容易产生权利义务的观念。因此,独立性是现代人格的根本特征。人格独立性的确立,使人能够更好地发挥自身的潜力,表现出其独特的人格魅力与品质,并培养平等、自由的权利意识,不断地走向完美人格,从而实现现代化。

兼爱语境下的独立人格,就是在社会成员组成的共同体中,个体对于其他个体都有个体的价值,这种价值是平等的。爱者在赋予被爱者的利益的同时,也赋予情感的依恋力量,因此产生一个新的具有凝聚力的社会。在这种社会环境下,有利于提升人的精神境界,从而消除人类的自私与争斗的心理。实行互利互让,互敬互爱,并从调整人的伦理心态出发,通过协调人际关系,以缓解社会的矛盾冲突,使不同的利益阶层的人群和谐共处,进而促进社会的和谐发展。因此,当代著名哲学家汤因比高度称赞:"把普遍的爱作为义务的墨子学说,对现代世界来说,更是恰当的主张,因为现代世界在技术上已经统一,但在感情方面还没有统一起来""只有普遍的爱,才是人类拯救自己的唯一希望。"

(二)人格主体的义利并举,有利于塑造积极健康的人格

我国传统社会,提倡重义轻利,一直倡导"见利思义""正其谊不谋其利,明其道不计其功"的价值取向。然而,人们往往在称颂儒家这种高尚的精神境界时,却忽视了它的消极面。传统文化的义利观往往忽视社会生产力的发展和人的个体利益的满足,限制人的合理欲求。墨子与儒家完全不同,他认为:"义,利也"(《墨子·大取》),墨子虽然提倡并实践崇高的利他主义,但他认识到"欲福禄而恶祸祟"(《墨子·天志上》)是人的本性。

虽然人类社会生活的目的就是要实现人们这种根植于自然本性的普遍功利要求,但最终还应该看它是否符合"国家百姓人民之利"(《墨子·非命上》)。马克思说过:"人们奋斗所争取的一切都与他们的利益有关"。今天的社会,我们讲"义"是国家和人民的利益,从整体上说,社会主义的义和利是统一的,新的时代要提倡义利并举,要倡导合法的谋利。因为,满足正当需要是人不可剥夺的权利,一切压抑人的正当需要的行为,就是压抑人的需要,是违背人性的,从根本上否定了人本身。在社会主义市场经济条件下,保障人们的合法利益及合法权利,有利于形成社会普遍的法制观念,实现义利并举,有利于塑造积极健康的人格。

创新和竞争的实践精神,有利于人们不断完善、提升自我墨子是一个敢于创新的践行者,"述而且作"是他在历史上的突出贡

献。墨子刚毅进取的人格品质和言信行果的行为准则,正是"强力"和"非命"的具体表现,而"强力"和"非命"正是"述而且作"的具体做法,这与其他学派差异很大。孔子自称"述而不作,信而好古",这明显地是一种保守主义,反映了他把眼光投向过去而不是未来。儒家虽然也强调人的主观能动性,但是,儒家将人的主观能动性局限于先天道德品性的自觉与践履,不主张人人平等地争取社会权益、提高社会地位的权利,并忽视了人有发挥智能改造自然、改造社会的主观能动性,而把后两者均归结为神秘的天或命。

相反,墨子明确主张"古之善者则述之,今之善者则作之"(《墨子·耕柱》)。他认为,前人的经验成果不应轻视,人类文化的创造发展是一个不断前进的过程,每一代都应该贡献自己新的东西。在这种思想指导下,墨子不断创新,发明创造许多器具,并开辟具有异质特征的创新文化学派——墨学。可见,墨子把天命观、强力和人的主观能动性三方面结合起来,认为在平等互利的前提下,发挥自己的智能和才力,从而获得行使自己权利的机会。

现代社会是商品经济发展的社会,商品经济的发展迫切需要以平等、公正、互利的行为准则和竞争、创新的理念取代各种特权观点。中国传统文化中的儒、道都强调社会秩序的本然性、固定性和等级特权的神圣性、先定性,反对竞争,惧变求常,劝说民众安分守己,听天顺命,这与商品经济的市场竞争原则相悖,这些理念与心态的消极影响,也会阻碍商品经济的发展。而墨子人格中勇于创新,敢于竞争的精神和社会主义市场经济体制下的时代精神有一定的通约性,墨子的人格精神与商品经济之间存在着相互促进的良性互动关系。

现代社会不但是一个新知识、新技术、新发明不断涌现的社会,而且是一个开放的社会。全球化的发展、科技的进步和通讯的发达使各国间的联系越来越紧密、交流与合作越来越多,任何国家都不可能在封闭的状态下求得发展。人们交往的范围空前扩大,交往层次逐步增多,交往方式日益丰富。因此,时代要求现代人格一定要具有开放意识、竞争意识、创新意识、法律意识。竞争精神是现代社会所需要的,因为竞争有助于优胜劣汰和资源优化,激发人的创造性和积极性。习近平总书记指出:"中国要强盛、要复兴,就一定要大力发展科学技术,努力成为世界主要科学中心和创新高地。"可见,竞争、创新是现代人格极其宝贵的品质。它不仅是现代社会的发展需要,而且还是人们充分发挥自身的能力,实现自身价值的需要。现代人格目标的实现,除了依赖于社会环境的塑造,更重要的是依赖于个人主体自强不息的努力。在这个充满竞争的社会中,只有不断进取、勇于创新、敢于竞争,并在日常生活中寻求个性潜能的全面自由地发挥,才能在实现自我的过程中不断完善。因此,现代人格应当吸收并传承墨子人格中进取与创新的实践精神,这是激发人们完善自我、提升自我的强大动力。

(三)节俭朴实,有利于节约型社会的构建

节俭朴实,有利于节约型社会的构建。勤俭节约既是墨子人格精神的品质之一,也是中华民族传统美德,更是新时期我国建设节约型社会的主旋律。这种精神不仅在物质资料贫乏的古代是必要的,而且在物质财富比较富裕的今天仍然要提倡。在我国全面建设小康社会的进程中,随物质生活条件的改善,经济增长和物资消费的观念已经发生了很大的变化。"享受生活,尽情消

费"成了部分社会群体的时尚和生活理念,他们视节俭为"寒酸",把朴素当"土气",外出讲排场,出手比阔气,生活讲标准,工作图安逸,把奢侈、豪华和排场视为财富和高贵的象征。然而,由于我国底子薄,与发达国家相比还很落后,还远远没有资格摆气派讲享受,铺张浪费。在消费上我们绝对不能赶潮流,搞所谓的高消费。而是要更加重视艰苦奋斗和勤俭建国的精神传统,这一传统对塑造刚健有力、自强不息的民族精神是必不可少的。而没有这种伟大的民族精神,我们国家是无法成功地迈向现代化的。

随着科技的发展,人类对自然的开发、利用都已经超出了自然的限度,生态危机已经给人类的生存和发展蒙上了阴影。而我国的生态环境也是问题重重:资源告急、生态环境日益化。因此,节俭已经成为我们不得不选择的生活方式。在现代社会中,应当树立科学的消费观,倡导"俭而有度,合理消费"的理念,这不仅发挥了伦理的导向作用,又与经济的发展协调起来,这即是对墨子人格精神中节俭品质的扬弃,也是新时代精神的体现。节俭有度,更重要的是节约资源、能源。这种节俭是对所有人的要求,要求社会的各个阶层形成节俭、节约意识,要在全社会形成崇尚节俭、节约的良好风尚。

由此可见,节俭不仅仅是一种美德,一种生活态度和生活方式,它更是一种价值取向和理想信念,这是符合现代社会的需要,也是现代人格所应具备的品质之一。在生活中,我们理应见诸于实际行动,人人要从心立言,人志立行,要始终做到勤俭节约、艰苦奋斗的践行者、维护者和示范者,让勤俭节约成为一种新的生活时尚融入创建节约型社会的实践中,带动整个社会大兴勤俭节约之风,让人人树立良好的道德风尚,以使社会成为一个良性的系统。

(四)强烈的职业责任感与社会正义感,有利于人格精神的升华

中华民族精神中孕育着许多积极的、优秀的、进步的因素,同时也有不足与缺失的一面。中国两千多年的专制集权和以血缘为伦理、宗法为本的封建社会,造成了中国国民的社会精神气质的缺失。中国历史和文化传统固然不乏"天下兴亡,匹夫有责"的爱国精神和"先天下之忧而忧"的奉献精神,也涌现一大批民族英雄和爱国仁人,但是这里所谓"公"与"私"究其实质,只是一种空泛的伦理的指涉"。近现代不少学者和思想家都批判国民精神中"社会精神"的缺乏。梁漱溟先生在审视中国传统文化时,曾指出中国传统的生活方式与西方生活方式的不同,其中最重要的一点是,中国人的家庭观念极强,缺乏西方的集团生活方式。这说明了,中华民族是一个由个人主义者所组成的民族,他们只关心自己的家庭而漠视社会,而这种只顾效忠家庭的心理即为扩大的自私自利心理。林语堂曾说:"'公共精神'为一新辞,'社会服务'一辞亦然,中国原来没有这种东西。"可见,中国国民的社会精神的普遍缺失,已经成为不争的历史事实与客观现实。

市场经济的多元化、自主化和开放化的现代社会必然要求置身于其中的人具有现代社会精神与人格特质。只有具有现代社会精神与人格特质的人,才能建立起现代文明、健康、公正、合理的现代社会,因此,现代人格应当具有社会精神的气质。所谓社会精神气质指的是以责任伦理观为核心的现代道德品质、现代观念意识、现代价值取向与现代生活风格。它提倡把单纯的物欲与谋利动机升华为一种社会责任感和职业责任感,强调人们在追求

自身的物质利益的同时，也是实现为他人为社会提供优质服务的过程。

从历史意义看，墨子"摩顶放踵，利天下为之"的匡世救民的侠义精神，影响并感召着后世的志士仁人，这正是墨子人格精神的凝聚力和感人的魅力。从现实价值看，墨子那种"匡时救弊"的侠义精神，正是现代社会所需要的社会精神气质。在现代的中国语境下，匡时救弊的侠义精神应当结合时代精神，并进行创造性转换，让其在新的历史条件下，成为时代所需要的现代价值取向。因此，墨子匡时救弊的侠义精神应当转化为现代人所具有的强烈的职业责任感、勤勉的工作态度及社会正义感。这种社会精神不仅是现代人承担自己本分工作的责任态度，也是为他人为社会服务的意识，既是重构进步的社会道德和价值观，又是弘扬墨子人格中匡时救弊的侠义精神，体现现代人格的高贵品格。近几年来，各行各业把这种本行业的职业责任感引申、扩展到对民众的社会关怀。正如，人们对弱势群体的关注，红丝带蕴含着对艾滋病人的社会关怀，绿丝带是抗击冰雪灾害的精神标志等等。这种社会精神气质正是现代人格对墨子匡时救弊的侠义精神的传承及延续，是现代人格的精神境界的升华。

总之，墨子的人格精神，内容丰富，颇具特色，亦有许多合理因素，批判继承其合理因素，借鉴汲取其有价值的方面，对建构现代人格具有重要的参考价值和现实意义。

## 二、墨子人格精神的局限性

### （一）忽视了人的自我发展的和谐

为实现兴利除害的目的，墨子极力地反对王公贵族的荒淫无度,提出节用、节葬、非乐的措施,并用这些措施来约束自己,做到了"其生也勤,其死也薄"(《庄子·天下》)。因此,自苦为极、节俭朴实的生活作风在墨子人格精神中表现得淋漓尽致。邢兆良如此评价:在墨子的学说中只有受苦的说教,没有享福的预示……从表面形式看起来,墨子大同理想和实践精神是伟大的,但在具体实践中,却是可赞而不可行,可望而不可即。生也苦,死也苦,人生是一片苦海,既没有现实的乐园可以憧憬,也没有死后的天堂借以慰藉。可见,墨子及其弟子们,以利他人为中心,无时无刻地为他人谋求利益,却从没为自己前途打算和考虑,也从没主动追求过自身的幸福。其实,这种缺乏对自身幸福的追求,对人格的发展起着逆向的作用。

以生存需要为基点,对于衣食住行,墨子主张"足用则止"的原则,对音乐更是避而远之。这是单纯从人的自然属性去看待生存和繁衍,只要满足基本需求即可,无意之中却排斥了人的情感审美的需要。墨子在限制统治者欲望的同时,也打击了平民对美好生活的向往与追求。这就是郭沫若先生所说的墨子"不近人情,反人性的地方"。还有的学者认为墨子具有"反艺术的生活"。

现代人格不仅注重生理、物质上的满足,而且非常看重心理、精神上的满足。个人精神、心态的平衡与调节问题亦是个人生存与发展的一个重大问题。音乐、艺术等活动形式的产生和发展就是为了适应人类精神和心理调适的需要。艺术、音乐是源于生活又高于生活的,因而对人民大众有着巨大的感染力量:一方面,起到一种社会心理协调的作用和调节个人的情绪和生理节奏;另一方面,对人起潜移默化的作用。艺术不仅是自然人性的需求,也是人的精神需求。因此,精神生活的需要是人不可缺少的方面,

否则人性就不完整,就会失去认识自我的能力。然而,墨子在重视人们的物质生活需要的同时,却忽视人们精神文化生活的需要,这是墨子人格形成过程中的重大缺陷。

墨子兼爱天下的人格品质,是解决一切战乱祸患的手段,是人与人之间、家与家之间、国与国之间和睦相处的需要。因此,"兼爱"的品质成为各种关系的纽带。这就是说,墨子人格中的"兼爱"品质实现了个人与他人、社会、自然的和谐统一,是个体及其外部关系的和谐。然而,墨子却忽视了个人的心理、情感的协调与发展,忽视了个人精神方面的需求,造成了人的自我发展的不和谐。所谓人的自我发展的和谐性,主要指构成人格的感性、理性与非理性等要素处于完整、平衡状态,并得到全面、自由、和谐的发展,即价值、信仰、行为方式、思维、情感等和谐和个体调控机制的完善。

墨子意识到个人的情绪及各种欲望的需求是危及社会秩序的稳定,因而,要对情绪进行抑制、疏导,使非理性的情绪服从各种理性的要求,诸如节用、节葬及非乐。墨子人格的设计是从维护平民阶层的利益出发,竭力主张自苦为义。墨子人格精神中自苦为极的"苦"的强度达到了"无我"的境界,这种"苦"只是强调为他人谋福,而不是追求自身的幸福,可以说"苦"过了度。这对个体生理和精神情感的发展亦有一定的害处:从个体情绪心理来看,过度的苦,让人失去审美情趣,只有苦而无快乐的生活,使情绪无法宣泄,很容易导致心理障碍,久而久之对生活失去信心;从个体的生理来看,过度的苦,即劳累过度,可能导致许多身心疾病。

因此,墨子的人格精神仅仅体现了人格中的真与善,却忽视

## 第二章 墨子人格精神的风貌

了对美的追求,忽视了个人自身的情感方面的需求,只强调个体与外部关系的和谐,却忽视了人的自我发展的和谐,这不利于人格健康而全面的发展。无怪乎,庄子指责说:"其道大觳。使人忧,使人悲,其行难为也。"(《庄子·天下》)与之相反,中国传统文化中老庄思想之所以有那么大的魅力,其中的心理调节平衡与审美情趣就是重要的原因之一。

自我调节是人格发展的重要机制。在当今多元化的社会,面对快节奏的现代生活,竞争日益激烈,各种压力不断增加,健康的心理品质是成为现代人格的必备要素。由此,倡导并培植一种懂得生活、追求美、拥有健康心理的人格品质,是现代社会的需要。人们要保持一种健康的、积极、乐观的情绪,就要学会自我调节,以实现人的自我的发展和谐性。

(二)忽视了个人对生活质量的追求

墨子节俭朴实的生活作风,大多数学者对此给予充分的肯定,认为墨子之所以主张节用,在很大程度上是因为他的忧患意识。因此,墨子的节俭朴实的生活作风是积极的而不是消极的。

"国家贫,则语之节用、节葬"(《墨子·鲁问》),墨子认为,要改变国家贫穷的现状,必须采取节用、节葬的措施。在衣食住行方面,墨子不仅反对王公大人的奢侈浪费,要求统治者做到"足用则止",而且墨子亲自践行这一行为准则。在当时生产力落后的社会,物质产品极其匮乏,远不能满足广大人民的基本需要时,墨子把在节俭视为个人的消费原则,正顺应了时代的要求。因此,在这一层面来说,墨子人格精神中所展现的节俭朴实的品质是其优秀的一面。

人对物质生活的需求,是随着生产力的提高而不断增长的。

因此，对物质利益的追求具体表现为对物质生活和精神生活享受的不断追求，这是人的本能需要。同时，人们对物质、精神不断增长的需求又成为社会生产发展的基本动力。消费是两个层面上的东西：一个层面是为了维持人的生命，而不得不进行消费，这是人们常说的"温饱型"消费，它是低水平、低层次的被动消费。另一层面是为了追求生活之美、发掘生活之美、享受生活之美、创造生活之美，而去创造消费，这是一种物质与精神双重融合的、高水平、高层次的主动消费。当人们摆脱物质的贫乏而拥有财富时，消费就不再是单纯的物质需求了，更多的是追求物质与精神相融合的享受，追求心灵的愉悦。

从社会发展的角度看，社会消费和社会需要的扩大是一种不可遏止的历史潮流。生产与消费互为因果：一方面，生产决定消费，消费是生产的目的，有了生产才能保证消费行为的进行；另一方面，消费是生产的动力。马克思说："没有需要就没有生产，而消费则把需要再生产出来。"物质产品只有被消费，生产才能得以延续和发展。因此，在市场经济条件下，消费不仅体现生产的目的，也是经济发展的必要，生产与消费的互动作用日益明显。消费为人的多种需求提供保障，对人的全面发展也有着不可忽视的重要作用。在这种情况下，如果人们忽视了消费的积极作用，若一味地强调节俭，"以自苦为极"，压制消费，人们的生活水平和生活质量就难以提高。

墨子反对统治者挥霍浪费是正确的。然而，这种节俭也是限制了人民消费的正当愿望和要求。"凡足以奉给民用则止"，这是仅仅停留在人的基本生理需求的层次，墨子没有认识到随着社会经济的发展，人们对物质生活有更高的追求。另一方面，墨子也没有意识到,国家的富强,社会的发展,生产力的发展才是最根本的手段。由于墨子所处的时代和其社会地位等原因,墨子不懂得消费也为生产提供动力。在这种情况下,墨子过度地强调节俭,并不鼓励平民对物质利益提出更高的要求,当高层次的需求没有被激发时,不利于调动民众的劳动积极性,缺少一种鼓舞人生的物质推动力。因此,从社会的发展、生产和消费的关系的层面看,墨子人格精神中节俭品质中过度的"自苦为极",反映出小生产者在改善物质文化生活方面缺乏积极要求的弱点,这对于现代社会来说,是一种狭隘保守的人格品质。

综上所述,我们清醒地看到,墨子人格精神对中国国民素质和个体人格发展的负面效应。因此,对于墨子人格精神,我们不是全盘地肯定,而是以严谨的科学态度对待这份历史遗产,并进行合理的扬弃。我们应当利用墨子人格精神中的优秀品质,在传统人格与现代人格之间,找到契合的生长点,为构建新的符合现代的价值系统,塑造现代人格提供有价值的参照系。

墨子的人格精神铸造了我们民族精神光辉灿烂的一面,至今仍具有迷人的魅力和值得研究的价值。墨子的人格精神是出自多元化的思想基础:其源于尧舜禹之道、源于清庙之守、源于地域文化、源于实践而独创,这是墨子人格精神的历史依据。

墨子的人格精神是建立在对人充分肯定的基础上,是为了拯救社会的混乱和矫正人类行为的偏差而提出的。"贵义""兼爱""重利""天志"这几个概念共同构成了墨子人格精神的义理根据。其中:"贵义"是墨子人格精神的核心,义作为人格的道德特质,可以纠正人的行为的偏差,使社会和谐稳定;"天志"是墨子人格精神的终极依据,天能够赏善罚恶,只有以天作为统一的标准,

才能形成一个井然有序的社会;"兼爱"是墨子人格精神的道德总纲领,它是人格的态度及界定的标准;"重利"是墨子人格精神的外在表现形式,它既是墨子的人生追求,又是墨子立身行事的外在表现。墨子人格精神正是通过内在的"贵义尊天"的精神与外在"兼相爱、交相利"的品质所彰显出来的。

墨子的人格精神有明显的风貌特征:兼爱天下的胸怀,这种兼爱品质包含了政治平等的尚贤、经济平等的节用、人生自我保障的非攻;强力而为的人格特征,体现了一种积极进取、坚持真理、临难不惧的气节,这是墨子人格特征的意志力,是促进个人发展及社会前进的人格特质;匡时救弊的侠义风范,突显出墨子扶弱抗强、任侠仗义、士为知己者死的英雄本色,映现出鲜明的忧患意识、入世风骨及救世精神;自苦为义的生活作风,反映出墨子"自苦利天下"的崇高精神;言信行果的行为准则,是墨子在长期的艰苦卓绝的实践活动中孜孜不倦的追求与奋斗的真实写照。因此,墨子的人格精神成为当时的平民阶层一种立身处世的新的价值取向。墨子的人格精神不仅在当时堪称人格的典范,而且已经深深地积淀到中国人的深层心理,成为民族精神的一部分。

墨子的人格精神有明显的局限性和积极性。其局限性是:墨子人格精神中忽视了人的自我发展的和谐、忽视了个人对生活质量的追求;其积极性是:墨子人格精神中具有人格独立性、创新意识、竞争意识及强烈的社会正义感等正面价值。这些正面价值,为构建现代人格提供了重要的启示:人格主体的平等独立性,有利于促进社会的和谐发展;人格主体的义利并举,有利于塑造积极健康的人格;创新和竞争的实践精神,有利于人们不断完善、提升自我;节俭朴实,有利于节约型社会的构建;强烈的职业责任感与社会正义感,有利于人格精神的升华。

墨子人格精神的积极因素为现代人格提供了丰富的智慧资源,它对现代人格具有重要的启示和借鉴作用,这为我们构建现代人格提供重要的参考价值和理论依据。因此,在我国社会转型时期,现代人格的设计应该"背靠历史,立足现状,面向未来"。

## 第三节　墨子人格精神对大学生的启示

由于特殊的社会环境、出身及经历,墨子形成兼爱天下的人格品质、行侠仗义的豪杰品性、治学与治国相融的理性精神,体现一种积极入世的人格精神。墨子人格精神不仅在当时堪称人格的典范,而且已经深深地积淀到中国人的深层心理,成为民族精神的一部分。

### 一、当代大学生人格精神的内容

实现中华民族的伟大复兴是当代大学生担负的光荣而神圣的历史使命和重要责任。然而,由于社会转型的冲击,多元文化的影响,道德规范体系尚未健全,导致部分大学生出现人格扭曲、人心浮躁和功利的倾向。诸如此类人格的问题,不仅影响到社会的和谐与秩序,也影响了大学生的成长和发展。历史发展一再表明:少年强则国强,这在很大程度上取决于青年一代。

因此,培养大学生的健全人格,已成为一个值得高度关注的理论问题和实践问题。墨子人格精神中所具有的人格独立性、理性精神及责任意识等方面的现代意义的内容,对当代大学生的健全人格塑造是一种可汲取的精神资源。以墨子人格精神为视角,

挖掘墨子人格精神中所具有的现代内容,为建构大学生的健全人格提供有价值的参照系。

当代大学生人格精神的内容:

一般说来,人格是指经过一定的人文知识的学习和现实社会生活的感染,形成的一种内在的、比较稳定的品质,这种品质决定着一个人的行为方式和行为指向,它是人的内在素质与外在素质的有机的统一。人格的核心是人的内在素质,即人的思想意识、精神境界。大学生人格精神主要涵盖以下几个方面:

1. 主体精神:现代的社会,以人为本,崇尚人文关怀,强调人的主体能动作用,这就要求在实践活动中,人把自身之外的存在变成了自己活动的对象,变成自己的客体,与此同时,使自己成为主体性的存在。因此,在市场经济的体制下,应当培养大学生的主体精神,发扬市场经济的自主意识,变"被动人"为真正的"人",走向独立自主的人格。同时也要防止个人主体性,尤其是个人占有欲膨胀所带来的人的异化与物化的危险,使人既是现代化的动力,又是现代化的目的。

2. 理性精神:所谓理性精神,其基本品质是追求真理,崇尚科学,提倡实事求是,一切从实际出发的现实主义态度,推崇自主、自觉、敬业、进取的价值观等。从人类社会现代化的发展进程可以看到,理性精神是人形成、发展的精神支柱。大学生正处在人生观和价值观形成的最后关键期,特别需要理性精神的指引,使其具备正确价值观的精神力量,形成追求美好生活的、必需的、智慧的品质。

3. 责任意识:责任是社会发展、人生历程的基石和支柱,是社会良性运行的前提,是社会和谐稳定发展的关键。社会责任感主要是指个体在处理个人、集体与国家三者关系中所表现出来的一种意识倾向和价值行为,它是基于对社会、国家的深厚热爱、主动承担义务和责任的精神。肩负历史使命和民族未来的大学生应当具备强烈的社会责任感与实干精神,把实现自我价值与推动社会进步有机结合起来,成为社会主义合格建设者和可靠接班人。

## 二、墨子人格魅力的精神特质

作为先秦百家中"显学"之一的墨学,在秦汉后却渐渐衰微,然而,墨子的人格精神在中华民族传统文化中的影响却没有因此而消失。对人的价值的重视和对人的理性自觉精神的强调是墨子所固有的特征。墨子曰:"生,刑与智处也。"(《墨子·经上》)"生",是人的生存;"刑",是人的肉体存在形式;"智",指人的思维能力及理性。墨子初步认识到人是肉体与精神的统一体。《墨子·经上》曰:"平,知无欲恶也。""知"是指人的认知能力和理性精神,强调了人的理性作用。可见,墨子在对人肯定和对理性认识的基础上,在生活实践的过程中,形成了自己独特的人格精神。

(一)兼爱天下的人文情怀:

春秋战国之际,战乱四起,祸害横行,为此,墨子提出他的救世主张——兼爱。兼爱,即互相爱护,是一种不分彼此和远近,原则上是一律平等的爱。墨子主张用"爱"去构建一个人人平等、和睦相处的社会:兼爱天下的品质,不仅是处理人与人、国与国之间关系的伦理准则,而且还表现在战争观上的非攻及应用到改善平民生活处境的节用,更重要的是,墨子的兼爱在政治观上的反映是:尚贤。墨子反对宗法"亲亲"制度,力求任贤使能,"官无常贵,民无终贱"(《墨子·尚贤上》),"虽在农与工肆之人,有能则举"

(《墨子·尚贤上》)。墨子强调平民也享有政治权利，做到人尽其才，才尽其用。

墨子人格精神中的兼爱情怀，打破了人伦上的亲疏不平，是一种抛掉血缘和差别的观念，是"爱无差等"(《孟子·滕文公上》)，是以每个人的平等生存和平等获利为目的的。墨子的仁者爱人承认了人的主体性，强调了人存在的平等。平等就是要求消灭一切等级特权，尊重每一个人，提倡人格的独立性。这种人格独立性，展示了一个正在觉醒的平民阶层对人的尊重、人的权利的追求和对人的智慧的肯定，这正是墨子人格精神中兼爱品质的必然结果。

(二)治学与治国相融的理性精神：

由于地理环境和传统学术建制等因素的共同作用，中国文化的发端之初就缺乏理性精神，更注重人事与人伦的研究，而自然的研究一直处于配角的位置。在诸子百家中，只有墨家较多地研究过自然，强调理性精神。

在先秦诸子百家争鸣时期，墨子自创墨学，形成了不同内涵和风貌的学术思想体系。墨子主张各学派都应当抱着取长补短，以真理的正确态度来参加辩论，不应当死守门户，对他人的科学发现、治国良策不应当一味排斥和攻击，这体现墨子的"和而不同"的严谨而宽容的学风。在治学与治国体系中，墨子一直注重理智性。所谓理智性，以名辩学和实践推理为论证方法，借助于工具理性来对其作为"兼爱"学说进行合理性的论证和作为推广的根据。墨子主张发表言论、研究学问要有现实的针对性，要以实践作为目的和标准，只有经世致用的务实之言，利民之论才是最有价值的，最值得尊重的，这就是墨子的墨子"三表法"：

"有本之者,有原之者,有用之者。于何本之? 上本之于古者圣王之事。于何原之? 下原察百姓耳目之实。于何用之? 废以为刑政,观其中国家百姓人民之利。此所谓言有三表也"(《墨子·非命上》)。

所以,墨子研究问题、争鸣辩论,都是为了寻求适应时代需要的治国真理、探索自然的规律。墨子作为教育家,他主张其弟子学以致用,"能谈辩者谈辩,能说书者说书,能从事者从事",并告诫其弟子"言足以迁者,常之;不足以迁者",墨子这种务实、利民、服从真理的治学精神,是很值得后人学习和发扬光大的。治国方面,墨子指出:

"凡入国,必择务而从事焉。国家昏乱,则语之尚贤、尚同;国家贫,则语之节用、节葬,国家喜音湛湎,则语之非乐、非命;国家淫辟无礼,则语之尊天事鬼;国家务夺侵凌,则语之兼爱、非攻,故曰择务而从事焉。"(《墨子·鲁问》)

墨子提出兼爱、尚贤、尚同、节用、节葬、非乐等思想,这就是他在社会、政治、经济、文化教育等十大论题,它们构成了墨子思想的整个体系,墨子也正是通过对这些思想学说的具体分析与具体运用,帮助国家、社会解决当务之急。墨子在坚持理性的基础上,不仅治学上勇于创新,而且自觉地把自己的学说、思想、智慧乃至自己的生命融入利国利民的事业中去,这正是墨子治学与治国相融的理性精神。

(三) 匡时救弊的责任精神

墨子的行为具有天然的侠义色彩。墨子把兴利除害、匡时救弊、摩顶放踵,利天下而为之,作为道德责任意识,因此,扶弱以抗强,任侠仗义,士为知己者死的作风一直是墨子的本色。先秦诸

子中,像墨子那样坚定地站在弱者一边,实在是少有的,而同情弱者,正是侠义精神的发端。墨子一直反对以强欺弱、以大欺小的不义战争,认为救世济民与"兼爱"精神是一致的,指出人应有忧患救世的责任意识,并应当身体力行,主张"功不待时"(《墨子·经说上》)。

救世是战国诸子共同的理想,而墨子作为一位以救世己任的政治实行家,对人、对社会的道德责任感,比其他任何学者都来得积极、强烈和执着。为改善社会风气,挽回恶厄运,墨子和其他诸子一样,读书治学,四处游说,墨子明知杯水车薪,无济于事,但是一种良心和责任感的驱使,仍使他孜孜不倦,竭尽自己的最大努力。墨子说,"见我从事,不见我亦从事"(《墨子·耕柱》),这正是墨子崇高的责任感和救世精神,足以见墨子心忧天下、大公无私的精神境界。正如蔡尚思先生所说:"只知损己杀己去利人利天下的伟大精神"。可见,墨子把自我融于国家、天下之中,为实现自己的人生价值,把自我与社会责任联系起来,这种侠义精神正是强烈社会责任感与实干精神的典型体现。

### 三、墨子人格魅力的精神特质对当代大学生人格的启示

蔡元培先生曾说:"大学应培养具有较为完满的人格精神追求的通才"。传统是现代的历史和渊源,现代是传统的发展和延伸,我们应当利墨子的人格精神所蕴涵独特的优秀品质,找到契合的生长点,为塑造大学生健全人格提供有有价值的历史资源。

#### (一)弘扬主体精神,倡导独立自主的人格

墨子指出,在爱无差别的社会里,人作为社会主体必须"赖力

## 第二章 墨子人格精神的风貌

而生""强力而为",这种生存观表明了人所具有的独立性。同时,墨子的"尚贤"是从生存权的自然平等与独立发展到政治权利的平等与独立的表现,显示了墨子对人格独立的大力张扬,这种人格平等、政治平等的观念正是墨子人格精神中人格独立性的必然结果。因此,人格独立性与真正的民主既是墨子人格精神的基本内涵,也是人类共同的追求和社会发展的方向。日本学者池田大作这样评价墨子:"我认为墨子的爱,比孔子的爱更为现代人所需要。"

现代社会的市场经济是以独立自主的人为基础的,它要求个体具有独立的人格,具有独立的思考、判断和选择的能力。因此,人格主体的平等独立,是现代人格的基本内涵之一,也是大学生健全人格的重要内容之一。只有人格独立性的确立,才能使大学生更好地发挥自身的潜力,表现出其独特的人格魅力与品质,培养平等、自由的权利意识,不断地走向完美人格。当代大学生是我国青年人中知识较丰富、思想较敏锐的群体。在新时期,大学生主体意识的增强,使他们的参与社会生活的愿望更加强烈,因此,大学生的实践认识活动,应该是在遵循客观规律和遵守社会制度、法制框架和经济方式的基础上,独立、自主、客观的探究活动。培养大学的人格独立性,有利于使他们有理想、有创造、有超越、有意义的构建自身,日益走向自身的全面发展,逐步实现其主体人格化。

(二)培养社会责任感,增强实干精神

谈到社会责任感,人们就会想到"天下兴亡,匹夫有责"这种以天下为己任的情怀。我国传统文化中非常注重培养人的"心怀天下"的社会责任感,尤其塑造了知识分子忧国忧民的群体特性,

在这方面，墨子的人格精神的影响更为突出。社会责任感是一种可贵的个性品质，它能协调个人、集体、国家三者之间的关系，增强民族的凝聚力和进取精神。可以说，社会责任感与人格倾向性有着密切的联系，具有责任感是大学生应拥有的重要素质。改革开放唤醒了大学生的主体意识，但新旧交替的社会"失范"又影响了主体性的充分发挥。

首先，当代大学生作为一个思想活跃的知识群体，具有历代知识分子所具有的忧国忧民意识和报效祖国的意识，他们以其独特的方式参与了这场变革。改革开放和比较宽松的政治环境为大学生参与活动提供了新的契机，并使之具有了新的特点：当代大学生不再是过去的理想主义者，而是务实主义者，他们更多的是关心自己的命运、自身发展的状态和现实的利益。

其次，当代大学生是个寻求独立又未完全承担社会责任的群体，这种边缘角色决定了他们往往采取独特的方式参与这场变革。由于缺少社会实践，大学生不能正确分析现实状况，更不知道如何把改革开放与自身的行为有机统一起来，结果以一种不负责的行为表现出他们的参与意向：部分大学生产生对政治冷漠，对社会的关心程度降低，责任感下降，尤其是对与自身根本利益关系不大的公共事务或公益劳动表现出漠不关心的态度，缺乏对家庭、对现实的责任意识，出现社会责任感淡漠的趋势，许多学生缺少一种"先扫一屋"脚踏实地的实干精神。

从历史意义看，墨子"摩顶放踵，利天下为之"的匡世救民的侠义精神，影响并感召着后世的仁人志士，这正是墨子人格精神的凝聚力和感人的魅力。从现实价值看，墨子那种匡时救弊的侠义精神，正是现代社会所需要的社会责任感与实干精神。

在现代的语境下,墨子人格精神是重要的责任道德教育资源,要通过优秀的传统文化来培养、塑造当代大学生对自我、家庭、他人与社会的责任。要培育和增强大学生的社会责任感,就必须引导他们注重参加社会实践,促进知、行、情的相互转化。培养大学生的自我责任感,只有对自己行为的负责的同时,才能引导大学生主动承担起家庭、他人及社会的责任,引导大学生走出校园,深入社会,到基层去,到群众中去,自愿并积极参与社会公益事业,把社会责任感引申、扩展到对民众的社会关怀。现代社会,墨子匡时救弊的侠义精神应当转化为当代大学生所具有的强烈的社会责任感与实干精神,这种社会精神不仅是大学生自觉承担起社会责任的表现,也是为他人为社会服务的意识,既是重构进步的社会道德和价值观,又是弘扬墨子人格中匡时救弊的责任精神,还体现了当代大学生的高贵品格。

(三)塑造理性精神,提高大学生的思维和认知能力

当前大学教育比较重视解决基础层面和政治层面的问题,如政治态度、意识形态、知识掌握情况等,无形中忽略了对大学生心灵深处的价值诉求、社会责任、人格品质等的培育,这导致了大学生精神上的某种偏差。同时,面对激烈的竞争,生存的压力,未来的渺茫,部分大学生正逐渐丧失探寻生存意义与价值的勇气和信心,对人存在的理由与根据失去了最为基本的理性沉思,感性地接受着社会功利的种种诱惑陷入,逐渐导致价值世界的虚无及精神世界的苍白,使人的主体角色便会随之消亡,这种自我生命的漠视正是理性精神缺失的表现。加上受社会等各种不良因素的影响,大学生的精神状态中普遍缺乏一种理性精神的指引,这对他们未来的发展不利,因此,必须重视当代大学生理性精神的

培养。

理性是在人的生活中形成的一种基本的精神,关系到生活目的和生活价值的决断和追求,归根结底是涉及人的存在的根本性问题。作为先秦时期思想家之一的墨子,在治学与治国的体系中,他一直注重理性,客观地对待、分析现实社会。墨子把理性精神作为为其提供价值性、反思性指导的内在品质,使自己能够在生活中进行正义的价值的选择和智慧的行动,因此,墨子人格精神中表现出一种真知、大爱的卓越品质。墨子不仅在长期的生产实践中,有许多利于当时、骄于后世的发明创造,而且还在社会科学、自然科学领域创建了不同凡响的理论,给后人留下了宝贵的物质财富和精神财富。

我们应当借鉴墨子的理性精神,着力塑造大学生的理性精神,提高大学生的思维和认知能力,使他们能正确地对自我的生活给予反思性的审视与批判性的关照,并自觉地赋予生活以合理的价值定位与一定责任的承担,使他们能为自身的存在寻求一种有价值性的支撑,自觉地把理性精神内化为最根本的一种精神品质,并以一种自由、平等、尊重、宽容的理性态度来实现与他人关系的合作与协调,自觉肩负起建设人类社会的责任与使命。

墨子的人格精神蕴含着丰富的独立意识、理性精神、责任观念等现代内容,颇具特色,亦有合理因素,借鉴汲取其有价值的方面,对建构大学生健全人格具有重要的参考价值和现实意义。

## 四、墨子人格精神中的忧患意识

高校是培养人才的摇篮,是传承先进文化、传播精神文明的前沿阵地,这就要求我们弘扬中华民族的责任伦理思想,强化责

任伦理意识,通过挖掘墨子人格精神中的忧患意识,铸就当代高职生的道德责任精神:墨子思想中忧己、忧民、忧天下的忧患意识,可以培养高职生的自我责任意识及社会使命感,弘扬时代进取精神,具有重要的现实意义。

在观念多元化、利益多样化、生活个性化的社会背景下,大学生出现责任感淡漠甚至缺失的现象,已经成为社会关注的焦点问题。《中共中央、国务院关于进一步加强和改进大学生思想政治教育的意见》指出:要使大学生"认识国家的前途命运,认识自己的社会责任""增强社会责任感",把他们"培养成德智体美全面发展的社会主义合格建设者和可靠接班人"。因此,高校在发展职业教育的同时,也应当从传统文化中吸取宝贵的资源,继承和弘扬中华民族优良道德传统,加强大学生社会责任感的教育及使命感的培养。其中,墨子人格精神中蕴涵丰富的忧患意识内容,可以为大学生进行社会责任感教育提供借鉴的思想资源。

(一)忧患意识与社会责任感

在中华民族五千年的发展中所形成以爱国主义为核心的团结统一、爱好和平、勤劳勇敢、自强不息的伟大民族精神中,蕴含着深厚的忧患意识,其以一种基调贯穿于民族精神显性内容的各个方面,并以隐性的形式积淀于民族精神的最深层次。这种忧患意识通过历代文人无数次的表露、历史的反复积淀、文化的不断升华,不仅形成了中华民族的一种文化心理定式与一种文化意识,而且表现为对国家和民族的前途和命运的牵挂和担忧,并深刻警惕历史进程中出现危机、问题和困难的爱国主义情感,带有强烈的历史使命感和社会责任感,体现出积极参与社会变革的忧国忧民的精神。可见,忧患意识与责任是息息相关的,相互包含。

源远流长的忧患意识，滋养着中国人的心灵大地，促成了治道的精神和责任的规范形成。当人们面临自然、社会与人生所遭遇的患难而产生的忧虑与思索时，则表现为人们对国家、民族、人生的命运和前途的关怀，反映出个体与社会的关系，要求个体对他应该而又能够做到的事情和自主选择的行为负责任，即选择对社会有利的、舍弃对社会有害的行为，这就是社会责任感。"大学之道，在明明德，在亲民，在止于至善"（《大学》），将责任意识教育作为提高大学生健全人格的重要内容，既是一个人的社会化和人格完善化的程度，也是当今高等教育育人工程的当务之急和构建和谐校园的关键所在。

（二）墨子匡时救弊的忧患意识及其表现

忧患意识，作为墨子思想的重要内容，在其身上表现得淋漓尽致，这种思想与情感反映出墨子对当时个人及其生活的时代、人民和国家命运的深切关注

1. 忧己——在恶劣的自然环境中，为了个体的生存与发展，主张"强力而为"，表现为"上强听治、下强从事"的奋进精神。

以德为先，把立德及自我修养作为治道核心，这是中国传统仁人志士所特有的一种治道精神，墨子也不例外。墨子始终关注人事努力，强调人力对社会的支配和控制，主张"强力而为"，强调"赖其力者生"。在墨子看来，社会治乱，国家安危，天下之治的实现必须依赖于个体"强力"的作为：

"彼以为强必治，不强必乱；强必宁，不强必危。故不敢怠倦。今也卿大夫之所以竭股肱之力，殚其思虑之知，内治官府，外敛关市、山林、泽梁之利，以实官府而不敢怠倦者，何也？曰：彼以为强必贵，不强必贱；强必荣，不强必辱。故不敢怠倦。今也农夫之所

## 第二章 墨子人格精神的风貌

以蚤出暮入,强乎耕稼树艺,多聚叔粟而不敢怠倦者,何也?"(《墨子·非命下》)

在"强"的品格内涵支持下所表现出来的行为便是"上强听治""下强从事"的奋进精神。墨子反对儒家的"天命":

"彼以为强必富,不强必贫;强必暖,不强必寒。故不敢怠倦。今虽毋在乎王公大人,蕢若信有命而致行之,则必怠乎听狱治政矣,卿大夫必怠乎治官府矣,农夫必怠乎耕稼树艺矣,妇人必怠乎纺绩织纴矣。王公大人怠乎听狱治政,卿大夫怠乎治官府,则我以为天下必乱矣。群吏信之则怠于分职,庶人信之则怠于农事;吏不治则乱,农事缓,贫且乱"(《墨子·非命下》)。

墨子指出,如果人们相信"天命",就不能有作为,那么官吏们便不努力工作办事,农夫妇女便不努力耕织,结果就造成国家"贫且乱"。从历史事实来看,同样的时代和人民"在于桀纣,则天下乱;在于汤武,则天下治"(《墨子·非命上》)。墨子认为,个人的命运,国家与社会的命运,都应当而且也只能掌握在自己手里,其兴衰存亡、祸福沉浮,均由"人力"所定。

墨子认为环境与个人的命运休戚相关而有所警醒,这种忧己的精神,把人的生存与发展和恶劣的自然环境密切联系起来,体现了个人在行为上所应承担的责任。忧患正是这种责任感带来的自己突破困难的心理状态,是一种坚强的意志和奋进的精神,成为一种初次确立的道德主体意识。因此,墨子勇敢地去面对现实,努力寻找解决的办法和途径,墨子的忧患意识不是停留在感情和认知范围,而必须将认识化为实践,这种实践性体现出一种刚健有为、自强不息的精神,墨子忧己的责任意识和精神被弟子及后世仁人志士所接受,并作为一种行为规范而进行临摹和

实践。

2.忧民——关注时代与社会,"必先万民之身,后为其身",做到"与百姓均事业,齐功劳",表现为一种深切的责任意识。

墨子的忧民思想首先表现在经济层面,他指出休恤民众的疾苦首要任务是改善平民生活处境。墨子认为,物质利益的合理分配,是使社会的每一个成员都能过着温饱而不奢侈的生活。但是现实生活中:

"必厚作敛于百姓,暴夺民衣食之财,以为宫室,台榭曲直之望,青黄刻镂之饰。为宫室若此,故左右皆法象之,是以其财不足以待凶饥、振孤寡,故国贫而民难治也。君实欲天下之治,而恶其乱也,当为宫室,不可不节……是以富贵者奢侈,孤寡者冻馁,虽欲无乱,不可得也。君实欲天下治而恶其乱,当为食饮不可不节。古之民未知为舟车时,重任不移。"(《墨子·辞过》)

统治阶级的荒淫无度,让百姓饱受苦难。因此,墨子提出了爱民主张,并将这种爱民的品质变成一种普遍的社会行动,做"必先万民之身,后为其身",在政治和道德行为方面通过节用、节葬、非乐的方法来制约统治者;对百姓来说,其实质就是要保护百姓的生命和物质利益,从而实现"万民之食之所以足也"(《墨子·兼爱下》)。

忧民第二种表现是避免战乱祸患。墨子认为,战争于国于民有百害无一利,兴师征伐,祸国殃民。为此,墨子提倡"兼爱"思想:

"视人之国,若视其国;视人之家,若视其家;视人之身,若视其身。是故诸侯相爱,则不野战;家主相爱,则不相篡;人与人相爱,则不相贼;君臣相爱,则惠忠;父子相爱,则慈孝;兄弟相爱,则

和调。天下之人皆相爱,强不执弱,众不劫寡,富不侮贫,贵不敖贱,诈不欺愚。凡天下祸篡怨恨,可使毋起者,以相爱生也,是以仁者誉之。"(《墨子·兼爱中》)

要达到兼爱,各国之间就要反对不义之战,这就是"非攻"的思想:

"国家发政,夺民之用,废民之利,若此甚众,然而何为为之?曰:'我贪伐胜之名,及得之利,故为之。'子墨子言曰:'计其所自胜,无所可用也;计其所得,反不如所丧者之多。'今攻三里之城,七里之郭,攻此不用锐,且无杀,而徒得此然也?杀人多必数于万,寡必数于千,然后三里之城,七里之郭且可得也。今万乘之国,虚数于千,不胜而入;广衍数于万,不胜而辟。然则土地者,所有余也;王民者,所不足也。今尽王民之死,严下上之患,以争虚城,则是弃所不足,而重所有余也。为政若此,非国之务者也。"(《墨子·非攻中》)

"非攻"对大国和强国,尤其对好战的君王是一个约束,同时对小国与弱国则是一种保护,通过制止战争,减轻人民痛苦。墨子的忧民思想在政治观上的反映是:尚贤。这种忧,强调人格平等,提倡人人政治地位的平等,墨子指出,"官无常贵,民无终贱"(《墨子·尚贤上》),"虽在农与工肆之人,有能则举"(《墨子·尚贤上》)。墨子的"尚贤"是从民众的生存权的自然平等提升到政治权利的平等。可见,墨子从民众的切身利益出发,从经济生活到政治生活,关注时代与社会,做了有益的探索,希望经过社会各阶层的共同努力,最终实现"刑政治,万民和,国家富,财用足,百姓皆得暖衣饱食,便宁无忧"(《墨子·天志中》)。

墨子这种从自我走向社会,自觉主动地承担起时代赋予的责

任,甚至努力改变民众命运及意图整合失序的社会,探索新的出路的使命感,表现在清醒地认识到自己在社会中的地位和价值,并自觉地担负起历史责任,是一种深沉博大的忧患意识,反映了那种任重道远、于国事民生不敢须臾忘怀之情。

3. 忧天下——"摩顶放踵,利天下为之"的匡时救弊精神,表现为一种宏大的历史意识。

救世是战国诸子共同的理想,以救世为己任的墨子,对人、对社会的道德责任感,比任何学者都来得积极、强烈和执着。道家主张清净无为、全真养性、消极避世,自不待言。儒家以孔子为代表,主张入世并一度官至司寇,培养教育弟子参政,但那是有条件的。

儒者在行为上:"危邦不入,乱邦不居。天下有道则见,无道则隐"(《论语·泰伯》);对于其学说,"用之则行,舍之则藏"(《论语·述而》);在修养方面,"道不行,乘桴浮于海"《论语·公冶长》),"穷则独善其身,达则兼济天下"(《孟子·尽心上》);儒家入朝参政,主张"君子若钟,击之则鸣,弗击不鸣"(《墨子·非儒下》),表现出世故和圆滑。相反,墨子认为"事上竭忠,事亲得孝,务善则美,有过则谏,此为人臣之道也"(《墨子·非儒下》)。

墨子和其他诸子一样,读书治学,四处游说。但是,其目的不是谋求利禄,而是匡时救弊,越王曾以封五百里之地的许诺,请墨子出仕越国,但墨子恪守道义,毅然辞之,充分体现了道义高于利禄的坚定立场。墨子的忧患意识是平民阶层以道自任、为道献身的忧患意识,这种忧国精神,是对社会的关注和追求乃至献身必然诱发出一种对社会现实和政治践行的精神。

可见,墨子无论是天下有道无道,无论是治邦乱邦,都不惜蹈

刀走险,在所不辞。在诸百家中,墨子的责任意识更为浓烈,在忧患感中发现危机,有危机感中才能意识到重任在肩,责任感又引发出忧患感,忧患感激发责任,因此,墨子具有"知其不可为而为之"的救世热情和奋斗的精神,突显墨子高度热诚的爱国责任意识,这种忧国忧民的精神,一种宏大的历史意识,也是一种深重的责任意识,其深层本质是爱国爱民。

## 五、墨子人格精神中的忧患意识对大学生社会责任感培养的现代价值

（一）当前大学生社会责任感缺失的表现

近十年来,由于我国高校扩招,出现了规模大、类型多、生源杂的情况,部分学生意志消沉,缺乏斗志,纪律松散,出现了社会责任感淡化倾向,表现出"无兴趣""无所谓""无意义"的"三无"现象。"无兴趣"是指大学生对什么都不感兴趣以及提不起兴趣,干什么都没有劲,在行动中表现为情绪淡漠、空虚、情感萎顿,整天无精打采,懒洋洋的。持这类心态的学生,对自己要做怎样一个人都稀里糊涂,当然也谈不上为完成责任而努力了。"无所谓"就是学习、工作、生活无所谓,成功与失败无所谓,赞扬与批评无所谓,一切都采取事不关己,高高挂起的虚无主义态度。"无意义"指部分学生似乎看破了红尘,只看到黑暗一面而没看到美好的一面,对周围的一切都感到毫无意义,从无兴趣到无意义的过程中,心态渐渐变得淡漠起来。

大学生的"三无"现象,从而导致他们以一种调侃的态度对待一切现象,或者以一种很不在乎的态度去对待周围的一切,因而面对应该承担的责任或应该履行的义务时,睁一只眼闭一只眼敷

衍了事,或是采取多一事不如少一事的态度寻找种种理由将责任推至一边,或者不理不睬干脆拒绝或逃避。这部分学生连最基本的个人责任感和家庭责任感都没有,更不用说更谈不上关注国家的前途、民族的振兴,至于爱国主义情感、历史使命感和社会责任感则淡而忘之,忧国忧民意识更淡薄。

(二)墨子的忧患意识对大学生社会责任感培养的现代价值

墨子忧国忧民的忧患意识向内发展是人格品德的培养,向外的延伸则是现实与政治的实践,由此出发,忧己、忧民、忧国体现了对人生和社会的强烈责任感,其积极价值对培养大学生的社会责任感具有现代意义。

1.墨子的忧患意识是一种昂扬的奋进意识及清醒的危机意识,培育学生对自己负责的精神,彰显道德主体的自我责任意识。

忧患意识,实际是蕴含着一种坚强的意志和奋发的精神。墨子的忧患意识,首先表现为自我关怀即忧己,自我关怀就是关注自我与社会的和谐发展,体现了对人类自身价值存在的肯定,体现着个人对自我完善和社会责任的自觉担当,是谋求主体道德生命的提升与实现自身完美人生价值的途径的同时,也表现为面对恶劣的生存环境时,从清醒的危机意识中渗透出一种刚健有为、自强不息的奋进精神。

忧己意识是道德主体向度深化和拓宽了自我意识的特定内涵,当前大学生由于自我关怀的缺失,自我意识水平比较低,他们不能正确地认识自己的社会地位与角色、理解个人与社会的关系,在生活与学习中缺乏一种奋进精神与坚定的意志,这就需要提高大学生自我意识及忧己意识。忧患意识在不同的时代、针对不同的问题表现为不同的形式,现代的社会,忧患意识就是要发挥主体自身的能动性去应对不确定性,因此,大学生的自我意识的觉醒和增强,意味着大学生对个人行为责任感的增强,行为趋于自觉化,主动承担起自己的责任,对自己行为负责,只有这样才能不断培养、提高、完善其他各种能力,才能去应对激烈竞争的现代社会,潜伏着不同的危机意识,把责任认识转化为负责任的行为,从而正确地选择和建构自己的人生价值观,发挥自身的最大潜力。其中,就业问题就是大学生面临的一大难题,大学生应当汲取墨子忧患意识所蕴含着昂扬的奋进的忧己精神,在这种挑战与机遇并存,出路与危机共生的社会中寻求出自己的出路。

2. 墨子的忧患意识蕴含着一种深切的责任意识,有利于培养大学生的社会责任感和使命感,弘扬民族精神。

社会责任感的形成和完善是在进行社会交往和参与各种社会活动的基础上逐步形成和发展起来的。当前的大学生对社会责任的理解仅仅停留在"不损人"而尽量"利己"的"不作为"层面,对社会的关心程度降低,责任感下降,尤其是对与自身利益关系不大的公共事务或公益劳动时,表现出漠不关心的态度,在履行社会责任时单纯强调回报,不能将责任感升华为崇高的义务感,并造成大学生的责任感脱离社会价值导向,偏向个人主义发展,缺乏自觉履行责任的强大内在驱动力,缺乏对集体、对现实的责任意识,没有达到主动助人、以社会为己任、回报社会、为社会服务的"作为"层面,处于一种消极的状态。

墨子的忧患意识是平民阶层以道自任、为道献身的忧患意识,在自我关怀的同时,墨子更强调对群体关怀,提出"民利第一,民意至上",即对平民阶层的关怀,渗透出对时代的关注,对整个

人类的命运、未来变化的责任和使命意识。可见,墨子的"患有所忧",是对社会之"患"、人民之"患",是出于一种深切的社会责任感和历史使命感。从现实价值看,墨子的忧患意识这正是现代大学生所应当具备的社会责任感与历史使命感,它不仅要求大学生承担对自己、对家庭的责任,也是对祖国、民族、人类以及他人承担责任的明确清晰并且具有深刻理性的意识,不是表面的片面的、盲目的自发意识,而是要求大学生积极地、主动地、创造性地去承担对祖国、民族、人类以及他人的责任。

3.墨子的忧患意识渗透着宏大的历史意识和信念的执着,有利于大学生拓展历史意识的时代视野,培养时代进取精神,推动着社会文明的发展。

从历史上看,治乱、兴亡处于不断转化的过程,每当历史发展处于重大的转折关头,总会出现激烈的社会矛盾和深重的社会危机,面对社会的矛盾冲突、混乱失序的现实困境,要找到摆脱困境的出路,重建正常的社会秩序,这就需要具有宏大的历史意识的人才能获得对这种历史危机的敏锐感受和深刻理解,才能找到解决危机的出路与办法。墨子的忧患意识就是通过历史意识的思维视野审度社会,并带着坚定的信念,付出艰辛的努力,在对当时社会和现实局限性否定外,其本身还蕴涵着超越局限、积极进取的建设性,对社会忧患的超越就意味着社会的跃进。墨子的忧患意识渗透着宏大的历史意识与信念的执着,成为中华民族的优秀文化传统一直被人们尊尚与传承,成为激励历代仁人志士奋发有为、积极向上的精神力量,这种忧患意识促进人的自我价值和社会价值的实现,推动着个人和社会的发展。

转型时期的中国,各种社会矛盾凸显:就业和再就业问题、三

## 第二章　墨子人格精神的风貌

农问题、腐败问题、资源能源和环境问题、个人收入差距拉大等问题亟待解决，形势严峻。在现代的中国语境下，墨子的忧患意识应当与结合时代精神，成为时代所需要的现代价值取向。作为民族振兴希望的大学生，没有理由躲在个人小天地里，只关心自己的利益得失，应该弘扬墨子那种有"兼爱天下"的情怀，"摩顶放踵，利天下为之"的胸襟，关注民生疾苦，关注现实中国，积极投身社会实践，到祖国需要的地方建功立业，在深入社会、了解社会、服务社会的过程中，培养自己的忧患意识，增强社会责任感，积极为社会做贡献，才能有高度的成就感，充分实现自我价值，从而推动着个人与社会的文明发展。

墨子的忧患意识是一种社会历史责任感、民族自信心以及爱国热情的反映，体现的是一种乐观进取、自强不息的精神。其价值的永恒性，对培养大学生的社会责任感有着不可忽视的现代意义。

追思两千多年前的墨子，他那种兼爱天下的胸怀、刚毅进取的人格品质、行侠仗义的豪杰品性、勤俭节约的生活作风、身体力行的实践精神，为后世展示了一位大智大勇的救世者形象。墨子不仅在古代成为平民大众的一面旗帜，而且他的思想至今仍然放射出耀眼的光芒，他的人品与精神同样散发出独特的魅力。通过研究墨子的人格精神，我们可以明确公民所应担负的社会责任。墨子的人格精神之所以能够震动万代，正是因为墨子的思想洋溢着一种一切以人民为本的精神底蕴，集纳了仁人志士所应具有的人格光辉和价值追求。

一种理论或一种精神能否得到人们的青睐，不仅仅取决于这个时代和社会对它的客观需求，还取决于它本身的自我完善与创

新发展。墨子的人格精神是历史留给我们的一份厚重的文化遗产,我们应当积极地从传统文化的智慧宝库中吸收丰富的营养。对于墨子人格精神的种种因素,我们应当把它从传统文化的价值网络中分离出来,纳入现代文化的框架中,融合到现代人的生活里,使墨子的人格精神在现代文化建设中获得新的价值、新的意义、新的生命,为构建现代人格提供一个有价值的参照系,使其成为推动中国现代化的精神动力之一;让墨子人格精神在社会主义条件下再展其独特的魅力,使我国早日以雄伟姿态屹立于世界先进民族之林。

# 第三章 墨子的和谐精神

墨子以"治天下"为任,他认为当时社会动乱是起自"不相爱",如何构建一个和谐理想的国度,墨子主张在社会生活中必须贯彻"兼相爱交相利"的原则,使人与人之间和睦相处,国与国、人与社会和睦相处,共同发展,天下永远太平。其思想体系孕育着人际关系的和谐与人与社会关系的和谐。墨子的和谐精神蕴含了人与人、人与社会和谐共处的观点,墨子的和谐精神与现代社会提倡的和谐社会有惊人的相似,墨子并亲自践行"兼爱"思想分人我之间、天下、国家、三个层次,墨子的和谐精神对我们构建社会主义和谐社会有着重要启示。

## 第一节 墨子和谐精神的内核:"兼爱"的含义

"兼"的含义是"一手持二禾",即一只手握住两颗谷子,这从字源上体现了墨子"兼爱"即为平等的爱。此外,正如墨子曰:

"视人之国,若视其国;视人之家,若视其家;视人之身,若视其身。是故诸侯相爱,则不野战;家主相爱,则不相篡;人与人相爱,则不相贼,君臣相爱,则惠忠;父子相爱,则慈孝;兄弟相爱,则

和调。"(《墨子·兼爱中》)

"夫爱人者,人必从而爱之。利人者,人必从而利之","兴天下之利,除天下之害",这体现了墨子兼爱是一种平等的爱,互利的爱及整体的爱。所以将墨子"兼爱"概括为:平等的爱,互利的爱和整体的爱。

## 一、平等的爱

张岱年论述:"'仁'是由己推人,由近及远,以自己为起点,而渐渐扩大;由近远之程度,而有厚薄。'兼'则是不分人我,不分远近,对一切人,一律同等爱之助之。所以'仁'是有差等的,'兼'是无差等的"。其意思是,孔子的仁爱是有差等的爱,墨子的兼爱是无差等的爱即平等的爱。墨子的"兼爱"不同于孔子的"仁爱",是平等的爱。正如,墨子曰"亲亲有杀,尊贤有等,亲疏尊卑有异。"意思是,墨子认为孔子的仁爱是宗法血缘的爱,是别亲疏、定贵贱的爱。这种爱由内及外辐射外围,越疏越远,最终成为一种有差别不平等的别爱、偏爱,这种有差别的爱也造成了社会的混乱。所以,墨子提出了不同于孔子"仁爱"的"兼爱"。墨子认为,"兼爱"必须是"爱人如己",即"视人之国,若视其国;视人之家,若视其家;视人之身,若视其身"。"兼爱"还应当是"不分贵贱地爱所有的人",即"兼爱天下之人",特别是"兼爱天下百姓"。

由此可知,墨子的"兼爱"是不分人我亲疏、君臣贵贱的平等的爱,他的"兼爱"的对象不是"亲亲""尊尊",而是更广阔的对象即"天下之人"。墨子之所以提出平等的爱,跟墨子的出身有很大的关系。墨子出生于贫苦大众之中,自称"贱民"如其言:"上无君上之事,下无耕农之难",所以他深知劳动百姓的疾苦,而他又无从依凭政治地位与家族势利去改变这一现状。所以墨子提倡兼爱平等,希冀消解宗法等级制度中的"亲亲""尊尊"的规矩,最终实现"老而无妻者,有所侍养,以终其寿;幼弱孤童之无父母者,有所放依,以长其身"的统一和谐的社会局面。

## 二、互利的爱

墨子的兼爱也是一种互利的爱。墨子生活于春秋末期战国初期,这时,诸侯之间为了相互争夺霸主地位,各自都以自身利益为重,这造成社会动荡不安的局面。墨子认为,要实现社会的统一和谐,人们应在相互交往的过程中以他人之利为前提,实现兼爱,这样才能结束社会的混乱局面,所以墨子提出了"兼相爱,交相利",这说明了墨子的兼爱是一种互利的爱。墨子的"利"是其"兼爱"实现的基础,是"兼爱"实现的担保。所以,墨子在论述"兼爱"时,总是与"利"联系在一起,论述其兼爱思想。如墨子所言:"夫爱人者,人必从而爱之。利人者,人必从而利之"。

墨子这种互利的爱,是以利他为前提从而实现双方相互得利的共赢的爱,并非追求个人私利的爱。如《大雅》所道:"无言而不售,无德而不报,投我以桃,报之以李",意思是,无话不应,无德不报,你给我桃,我给你李。墨子之所以借用这句话,要表达的就是,爱人就如同一种社会投资,人们可以从中得利,爱人也会得到他人之爱,体现了兼爱是一种互利的爱。

此外,墨子这种互利的爱,是为消除天下之害,追求天下之公利,实现社会统一和谐的大爱。正如,墨子所言"仁人之所以为事者,必兴天下之利,除天下之害",而何为天下之利,何为天下之害?墨子曰:"今若国之与国之相攻,家之与家之相篡,人之与人

之相贼,君臣不惠忠,父子不孝慈,兄弟不和谐",墨子认为这是天下之害,应以"兼相爱、交相利之法易之"由此实现天下之大利。

## 三、整体的爱

墨子曰:"损,偏去也者兼之体也。其体或去或存,谓其存者损",意思是,偏是事物失去的部分,是整体中的部分,事物的部分失去或存在,事物量的减少,是对于其存在着的部分来说的。所以,墨子所言,兼即整体,兼爱就是整体的爱。墨子这种整体的爱,涵盖了两层含义:一是对有生命内涵事物的爱。正如墨子曰:"当天意而不可不顺。顺天意者,兼相爱,交相利,必得赏反天意者,别相恶,交相贼,必得罚。然则是谁顺天意而得赏者……此之我所爱,兼而爱之;我所利,兼而利之。爱人者此为博焉,利人者此为厚焉。"(《墨子·天志上》)

墨子的意思是,"兼爱"源于"天志",而不是个人意志所能决定。墨子把自然界无意志的天说成是有意志的人格神,天有意志。天创造出自然界一切事物,特别是有生命的事物,那么这些事物在天面前必定平等。任何人或者事物都无权剥夺他们的存在价值,所以,凡是具有生命内涵的事物都是墨子兼爱的对象。二是对全人类的爱。墨子曰:"爱人,待周爱人,而后为爱人。不爱人,不待周不爱人。失周爱,因为不爱人矣",墨子的意思是,爱人就要兼爱一切人,而不爱人并不依赖于要不爱任何人,只要不爱一个人,就不是兼爱。因此,墨子兼爱又是对全人类的爱。

在这里应该注意的是:首先,墨子对全人类的爱必须包括自己在内,即爱人包括爱己。庄子说:墨子实行自苦原则,是不爱己,即不爱惜自己。但墨子曰:"爱人不外爱己,己在所爱之中。

己在所爱,爱加于己。伦列之:爱己,爱人也",墨子认为爱人也应当爱自己,爱自己最终还是为了爱人,实行爱人的事业;其次,墨子对全人类的爱应当是墨子的理想和奋斗目标,而并非现实生活中已经实现的爱。在墨子生活的春秋末战国初,社会上有许多阻碍和谐的人,比如"强盗""攻国者",这些都是不应该爱的人,但墨子依然强调:"知是世之有盗也,尽爱世。知是室之有盗也,不尽恶是室也。知其一人之盗也,不尽恶是二人。虽有一人之盗,苟不知其所在,尽恶其非也",墨子的意思是,即使知道现实世界上有强盗,但还是要坚持兼爱世界上的人,兼爱世界上的好人,厌恶盗贼不能扩大,不能由此可知,墨子的兼爱是有原则的爱。他的兼爱对象不包含现实生活中那些造成社会不和谐的人在内,如盗贼,墨子在这样的前提下,最终实现对全人类的爱。综上所述,可以得出,墨子所提倡的"兼爱"是一种将他人之利作为前提的互利的爱,平等的爱,整体的爱。这里,应该强调的是,墨子的"兼爱"并非如孟子曾非难的那样。孟子曾非难墨子"兼爱"曰:"墨子兼爱,是无父也,无父,是禽兽也"。孟子认为墨子"兼爱",视人之家若其家,视人之身若其身,兼而爱之,兼而利之,人我同一,无父子之亲,是自毁其家之组织也,无家之组织者,是禽兽,不是人。在孟子看来人不同于禽兽在于,人能以伦理群居,墨子的"兼爱"忽视了父子之间的伦理,所以孟子非难墨子的"兼爱"是违反人之伦理的爱。但是孟子只看到了墨子"兼爱"的平等性,却忽视了墨子"兼爱"中的互利性。墨子互利的爱是以他人之利为前提来实现自己的利,墨子在爱利别人父母的过程中,使自己的父母也得到他人的爱与利。正如墨子曰:"意不忠亲之利,而害为孝乎?""吾先从事乎爱利人之亲,然后人报我以爱利吾亲也",意思是:天

下非难兼爱的言论还没有停止,有的人说兼爱不符合父母利益,有害于孝道,墨子认为如果我先从事于爱利别人的父母,然后别人才回报我而爱利我的父母。由此可见,墨子的"兼爱"并不像孟子所言的"无父,禽兽",墨子在主张"兼爱"平等性的同时,更重视其互利性。

## 第二节 墨子和谐精神是社会关系的基础

### 一、兼爱是人际关系和谐的基础

"兼爱"是墨子用以处理社会人际关系的普遍的伦理原则。"兼"体现了墨子"爱人"的特点。社会是人的社会,社会和谐是人与人之间的和谐,如果人与人之间互爱互敬,社会没有不和谐的。

在传统的宗法伦理中,儒家主张"亲亲有术"的"爱人"观点,"仁爱"是推己及人,由亲到疏,由近及远的爱,形成君礼臣忠、父慈子孝、兄友弟恭、夫和妻顺、朋友忠信的爱有差等人伦道德,是一种不平等的爱。与此相反,墨子要求:

"视人之国,若视其国;视人之家,若视其家;视人之身,若视其身。是故诸侯相爱,则不野战;家主相爱,则不相篡;人与人相爱,则不相贼;君臣相爱,则惠忠;父子相爱,则慈孝;兄弟相爱,则和调。天下之人皆相爱,强不执弱,众不劫寡,富不侮贫,贵不敖贱,诈不欺愚。凡天下祸篡怨恨,可使毋起者,以相爱生也,是以仁者誉之。"(《墨子·兼爱中》)

第三章 墨子的和谐精神

墨子指出"爱人如己",如果把人划分为有差别的等级,人与人之间就不可能真正做到"天下之人皆相爱";在"爱人"与"爱己"的次序上,墨子提出"己先爱人"主张,认为"必吾先从事于爱人利人之亲,然后人报我以爱利吾亲也"(《墨子·兼爱下》)。如果人人都能做到这一点,那么自己的父母也就得到相应的回报;在爱与被爱上,墨子提出对等互报:

"子自爱不爱父,故亏父而自利;弟自爱不爱兄,故亏兄而自利;臣自爱不爱君,故亏君而自利。此所谓乱也。虽父之不慈子,兄之不慈弟,君之不慈臣,此亦天下之所谓乱也。"(《墨子·兼爱上》)

墨子的"兼爱"要求人们抛掉血缘和差别的观念,打破人伦上的亲疏不平等,是一种无差别的爱。"兼爱"的根本意义就是平等之爱,平等成员之间对等的爱,这种原则不是施舍和怜悯,而是众寡地彼此相爱、相利,只有人与人之间的关系和谐,社会秩序才能稳定,促进社会和谐。

## 二、兼爱是社会的和谐的根基

在处理好人际关系基基础上进行治国安邦。从"兼爱"出发,墨子要求建立一个政治、经济、社会秩序等各方面和谐"兼相爱"的合理社会。"兼相爱"是从天下、国家二个层面来进行:

"兼爱"思想在天下即国际关系上:表现为反对战争,求同存异,和平共处。战国时代,诸侯割据,战争频繁,在这种"大攻小、强执弱"的形势下,墨子从"兼爱"原则出发,要求君主"视人之国,若视其国","是故诸侯相爱,则不野战"(《墨子·兼爱中》),提出"非攻"的主张,其核心内容是反对不义的战争,打破亲疏、强

弱的不平等。墨子认为好战的国家发动侵略战争,动辄举师数十万,持续数月以至数年,给社会造成极大的危害：

一是延误农时。战争发动以后,农耕荒废：

"今大国之攻小国也,攻者,农夫不得耕,妇人不得织,以守为事;攻人者,亦农夫不得耕,妇人不得织,以攻为事。故大国之攻小国也,譬犹童子之为马也。"(《墨子·耕柱》)

"今师徒唯毋兴起,冬行恐寒,夏行恐暑,此不可以冬夏为者也。春则废民耕稼树艺,秋则废民获敛。今唯毋废一时,则百姓饥寒冻馁而死者,不可胜数。"(《墨子·非攻中》)

二是民死财伤。在战争中,军队装备被消耗,牲畜损伤死亡：

"又与矛、戟、戈、剑、乘车,其列住碎拆靡弊而不反者,不可胜数。与其牛马,肥而往,瘠而反,往死亡而不反者,不可胜数。与其涂道之修远,粮食辍绝而不继,百姓死者,不可胜数也。与其居处之不安,食饭之不时,肌饱之不节,百姓之道疾病而死者,不可胜数。"(《墨子·非攻中》)。

百姓饱受战争之苦,不能安居,更不能乐业。因此,墨子提出"非攻"。"兼爱"与"非攻"是治理天下的不同侧面,一为积极张扬,一为消极制止,"非攻"依赖于"兼爱",以"兼爱"达到制止侵略战争、安定民生的目的。同时,墨子提倡救弱,不主张助强。墨子不仅提倡和平文化,而且予以实践。他身体力行,四处游说,曾有过止楚攻宋经历,制止了多次不义之战。墨子"非攻"是反侵略战争的思想,实质是上反对霸权主义把战争强加于人,维护和平的表现。这正是和谐社会的主旨。

"兼爱"思想在国内和谐表现为国家统一,社会安定团结稳定,人们生活富足。

## 第三章　墨子的和谐精神

政治方面,墨子根据兼爱原则提出"君臣相爱,则惠忠",提出尚贤、尚同的主张,体现政府上下的平等爱,打破亲疏、贵贱的不平等:

"君臣相爱,则惠忠;父子相爱,则慈孝;兄弟相爱,则和调。天下之人皆相爱,强不执弱,众不劫寡,富不侮贫,贵不敖贱,诈不欺愚"(《墨子·兼爱中》),在治国方面,儒家提倡举贤才,"亲亲有术,尊贤有等";墨子提出"尚贤、尚同"的主张,突破森严的等级制度,打破身份界限,面向全社会招纳人才,反对儒家以维护世袭宗法等级制度为目的的举贤才,"尚贤者,政之本也":

"是在王公大人为政于国家者,不能以尚贤事能为政也。是故国有贤良之士众,则国家之治厚;贤良之士寡,则国家之治薄。故大人之务,将在于众贤而已。故得士则谋不困,体不劳,名立而功成,美章而恶不生,则由得士也。"是故子墨子言曰:"得意贤士不可不举;不得意,贤士不可不举。尚欲祖述尧舜禹汤之道,将不可以不尚贤。夫尚贤者,政之本也。"(《墨子·尚贤上》)

尚,尊崇、注重。尚贤,即尊崇、重视人才。墨子认为要给予"农与工肆之人"以参与政权的机会,提出"官无常贵,民无常贱,有能则举之"(《墨子·尚贤上》)。也就是说,无论身份贵贱,哪怕是出身微贱的普通农、工的人,只要有才能,都可以委以重任。

"尚同"就是选择贤者为各级领导,墨子指出贵族阶级如果不仁不义,没有能力者不应当为官:

"明乎民之无正长以一同天下之义,而天下乱也,是故选择天下贤良、圣知、辩慧之人,立以为天子,使从事乎一同天下之义。天子既以立矣,以为唯其耳目之请,不能独一同天下之义,是故选择天下赞阅贤良、圣知、辩慧之人,置以为三公,与从事乎一同天

下之义。天子三公既已立矣,以为天下博大,山林远土之民,不可得而一也。是故靡分天下,设以为万诸侯国君,使从事乎一同其国之义。"(《墨子·尚同中》)

这种在尚贤、尚同择能面前人人平等的观点,就是要"贤者""智者"居"上",在人与人的关系中起支配作用,使社会生活协调,打破了原来的大人、小人之间血统贵贱的差异,充分体现了小生产者在参政上的平等要求。"实际把各种身份地位的不同社会角色在精神上拉到了一个水平线上"。这种无差别的爱不仅是身份、地位的平等,而且是精神上、态度上的平等。

经济方面,墨子根据兼爱原则,针对统治阶级荒淫无度,指出"俭节则昌,淫佚则亡",提倡节用、节葬,打破亲疏、贫富的不平等:

"当今之主,其为宫室,则与此异矣。必厚作敛于百姓,暴夺民衣食之财,以为宫室,台榭曲直之望,青黄刻镂之饰。为宫室若此,故左右皆法象之,是以其财不足以待凶饥、振孤寡,故国贫而民难治也。君实欲天下之治,而恶其乱也,当为宫室,不可不节。"(《墨子·辞过》)

墨子生活的时代,统治阶级穷奢极欲:在他们生前,"暴夺人民衣食之财""拘女百、千",以供他对无度的享乐,都是"不与其劳获其实,非其所有而取";在他们死后,又"倾国力""虚府库",为死后陪葬做准备,故"必厚作敛于百姓",使"民有三患:饥者不得食,寒者不得衣,劳者不得息",(《墨子·节用》)人民陷于饥寒,国家陷于危亡。

鉴于此,墨子提出节用、节葬的主张,希望贵族统治者效法古之圣人,"爱民谨忠,利民谨厚"(《墨子·节用中》),墨子认为厚葬久丧使人耗尽财富,疲惫精神,削弱身体,社会生产难以正常运作;此种风气若不扭转,将给社会造成莫大的危害,削弱国力,影响社会安定,从"节用"出发,指出"节葬",葬礼从简,反对厚葬久丧,去掉无用之物,可使财富倍之,民众必安居乐业。节用、节葬是为了改善老百姓的生活,但最终目的是为了营造一个在经济、生产上不扰民的和谐社会。

要言之,墨子的思想核心是"兼爱"。他力图用这一原则处理好上的人己关系。按照"视人之身若,视其身,爱人若爱其身""为彼者犹为彼也""先万民之身而后己身"的原则,要是人人自觉奉行"兼相爱"原则,就会收到治家、治国、治天下的效果。从人的血缘关系看,一个血缘家族和家庭的内部人人都要"兼爱",这个家庭和家族才团结一致、共同发展。从整个社会来说,"兼爱"又是家与家之间、国与国之间和睦相处、共同发展的根基。但是,在家国同一的宗法封建社会,墨子触动了统治阶级的利益,他力图建立这种平等和谐的社会是无法实现的。

在社会发展过程中,有了视人如己的"兼相爱,交相利"思想,相互间就更容易消除隔阂,在和睦相处的情况下去保持社会公共生活的安定有序,最终形成一个平等友爱、融洽和谐的人际环境。因此,从和谐社会的构建来说,墨子的"爱无差等"原则比儒家的"爱有差等"更具有普遍意义,它反映了人类对美好未来的追求和向往,这也是中华民族传统美德的完美体现。

## 第三节　墨子和谐精神对构建和谐社会的启示

建设和谐社会,实现社会的和谐发展,是党的十六大报告的

一个重要思想。21世纪新阶段中国经济社会发展的新要求和社会出现的新趋势新特点,所要建设的社会主义和谐社会,应该是民主法治、公平正义、诚信友爱、充满活力、安定有序、人与自然和谐相处的社会。

党的十九大报告指出,社会主要矛盾已经由"人民日益增长的物质文化需要同落后的社会生产之间的矛盾"转化为"人民日益增长的美好生活需要和不平衡不充分的发展之间的矛盾"并且指出,人民群众对美好生活的需要日益广泛,不仅对物质文化生活提出了更高要求,而且在民主、法治、公平、正义、安全、环境等方面的要求日益增长。为了有效回应这些新需要,解决社会的新矛盾,党的十九大报告在加强和创新社会治理领域,提出要建立共建共治共享的社会治理格局,并且提出了社会治理的制度建设、提高四化水平和加强四个体系建设。一个国家、一个民族的强盛,总是以文化兴盛为支撑的,中华民族伟大复兴需要以中华文化发展繁荣为条件。墨子和谐精神是中华优秀传统文化的重要组成部分。探究发现,其与当前我国构建和谐社会所提出的主张有许多相通之处,能为我国当前和谐社会的构建提供丰富的理论资源。如何汲取墨子和谐精神的精华,去其糟粕,以此对我国和谐社会构建提供参考借鉴,是一个具有理论和现实意义的课题。

## 一、"兼爱"的精神内核,有助于家庭关系的和谐

社会是由人组成的,人是社会的细胞,人与人之间的交往实践活动构成了现实的人类生活,从横向来看,人际交往关系是各种交往关系的重要节点;从纵向来看,人际交往关系是整个社会

关系的基础。

墨子特别重视孝道,由"兼爱"精神内核出发,在《墨子》一书中,多次谈到到孝,表现出了君惠臣忠、父慈子孝、兄友弟悌的理想社会的向往:

"家主相爱,则不相篡;人与人相爱,则不相贼;君臣相爱,则惠忠;父子相爱,则慈孝;兄弟相爱,则和调。天下之人皆相爱。"《墨子·兼爱中》

墨子之孝,以"利亲""交孝子"为要义。墨子认为,以"利人"为内容的"兼爱"应该是相互的,而不是单方面的,为人君必惠,为人臣必忠,为人子必孝,为人兄必友,为人弟必悌,墨家的孝与儒家孝的最大差别在于墨家的孝基于兼爱原则。墨子的这种道德信念并不是以等价交换作为前提的,他提出"无言而不雠,无德而不报,投我以桃,报之以李。"(《墨子·兼爱下》)就是要人与人应该互相关爱,互相帮助,不能只顾自己不顾别人,不能做损人利己的事,更不能损天下之大利以就个人之小利,讲求的是"不避亲疏",即爱人不能以"亲亲"为标准。这一点对于我们今天处理家庭伦理关系有很好的借鉴作用。

古语"百行孝为先"。"孝"是我们中华民族精神文明的精髓,孝顺,孝文化是我们中华民族最为优良的文化传统,同时,孝顺也是衡量每一个人最为重要的道德标尺。不管是男是女,是儿是媳,只要不孝敬父母,就会被千夫所指。但是,现在在这个经济社会发展的今天,人们生活质量提高,节奏加快,竞争日益激烈化的时代,我们的孝道意识、责任意识越来越淡薄,缺乏感恩之心,自我感强烈,敬孝行为弱化,随着社会经济的发展,我国社会中"啃老族"队伍也日益壮大。现在报刊、媒体经常报道有子女不赡

养父母,遗弃老人的事情。这种有悖伦理的行为受到了社会公众的谴责。这正如墨家所言"是故诸侯不相爱则必野战,家主不相爱必相篡,人与人不相爱则必相贼,君臣不相爱则不惠忠,父子不相爱则不慈孝,兄弟不相爱则不和调。"

因此,"兼爱"首先从家庭伦理角度来说,就是构建家庭和谐的最基本纽带。墨子提出了爱人的步骤:"己先爱人,然后得报"。以孝亲为例,"必吾先从事乎爱利人之亲,然后人报我以爱利吾亲也"(《墨子·兼爱下》)。就是说,我先孝敬他人的父母,然后他人也会孝敬我的父母。在墨子看来,"爱"的相互性出于人的本性,但在具体实施的时候,不能等待别人来爱自己,而应该首先"爱人利人"。这种先人后己的思想比起后来孟子提出的"老吾老以及人之老,幼吾幼以及人之幼"的"推己及人"的思想更为深刻。可见,墨子所主张爱从爱自己到爱亲人,再到爱他人,这种爱也是利他的。俗话说:家是最小国,国有千万家。一个国家的安定和谐,首先是家的和谐,因为我们爱父母、爱兄弟姐妹就像他们爱我们一样,爱别人的父母像爱自己的父母一样,家庭中的父子关系,婆媳关系,夫妻关系等等自然会变的和谐易处。

## 二、"兼爱"的精神内核,有利于促进社会关系的和谐

我国古代墨子"兼爱"精神其实与在西方基督教主张的"爱他人如爱自己"的思想一致,都是一种博爱。墨子在阐述其"兼爱"学说时,提出了"为彼犹为己",即爱他人如爱自己的道德原则:

"爱人者,人必从而爱之。利人者,人必从而利之。恶人者,人必从而恶之。害人者,人必从而害之。"(《墨子·兼爱中》)

这就是说,事事处处替别人着想,急人之所急,与人为善,成

人之美。墨家"为彼犹为己"的原则,出发点是先"为彼",即把为他人放在第一位。墨子认为认真贯彻了"为彼犹为己"的原则,自己先为他人,他人也会对等地给自己以回报。在现实中通过实际行动体现出来,这就是墨子倡导的实践"交相利"的途径是:

"有力者疾以助人,有财者勉以分人,有道者劝以教人。若此,则饥者得食,寒者得衣,乱者得治。若饥则得食,寒则得衣,乱则得治,此安生生。"(《墨子·尚贤下》)

墨子主张,在社会中每一个人都要善待他人。如果人人都做到这一点,那么自然每一个人也会受到别人的善待;同样,如果每个人都去坑害他人,那么自然每个人也会受到他人的坑害。这种精神反映了劳动人民助人为乐的优秀品质,符合下层民众依靠集体力量以扶危济困的要求。

在物质财富剧增的今天,文化建设特别是道德文化建设同经济发展相比仍然非常欠缺,与物质财富快速增长相比,道德财富增长慢得多,与物质利益的诱惑相比,道德的魅力微弱的多。我们将社会当中的不良现象加以分析,不难发现它们的共性——对自我利益的追求。社会上存在着很多不和谐的社会现象:人际关系脆弱,社会信用缺失,群体性对抗事件日趋频繁,这正是人际关系的恶化,不消除这些不和谐的社会现象,我们就无法全面建设小康社会,要使整个社会保持民主法治、公平正义、诚信友爱、充满活力、安定有序、人与自然和谐相处,必须建立良好的人际关系。我们要构建和谐社会,实现人际关系的和谐,增强社会的凝聚力,阻止各种负面效应的社会现象,可以从以下方面着手借鉴墨子兼爱精神。

从社会层面来说,墨子的"兼爱"就是"博爱",他认为社会是

一个大家庭,在社会生活的普遍性中,人们应当树立一种社会目光,就是对所有有都应当爱,不分范围界限:

"譬之若楚越之君,今是楚王食于楚之四境内,故爱楚之人,越王食于越,故爱越之。"(《墨子·天志下》)

他要求天下之士君子,"以天下之志为法",并借天申明天志:

"此之我所爱,兼而爱之,我所利,兼而利之。""爱人者此为博爱,利人者此为厚焉。"(《墨子·天志上》)

墨子把文王作为其取法的楷模,要人们学习,而文王的"兼"正是以普遍性的爱为特征的:"文王之兼爱天下之博大也,譬之日月兼顾天下之无有私也,此即文王兼也。"(《墨子·兼爱下》)

2002年国家颁布《公民道德建设实施纲要》,提出"爱国守法、明礼诚信、团结友善、勤俭自强、敬业奉献"的基本道德规范及"八荣八耻"的社会主义荣辱观,都是以人为核心,优化各种人际交往关系,使人们相互支援,真诚合作,才能让人们感到"人间自有真情在",从而热爱生活,积极向上。

因此,我们应当以墨子"兼爱"思想和知行合一的实践精神,做到爱人如爱己,《墨子·兼爱中》说道,"视人之国,若视其国,视人之家,若视其家,视人之身,若视其身,"通过强化形成道德内化使人们在处理彼此之间关系、个人与集体、个人与社会的关系时候能自觉遵守社会公德,这样才可能使一切不良社会现象将不复存在。只有人际和谐促进人的全面发展,使人民安居乐业,社会生活安定,减少社会主体各种冲突,及时化解各种矛盾,使人们在处理彼此之间关系、个人与集体、个人与社会的关系时候能自觉遵守社会公德,形成一个相亲相爱、团结和睦的社会人际关系。爱人如爱己的原则在今天的社会关系中仍具有普遍意义。我们

应从中国优秀传统文化中汲取营养,充分发挥优秀传统文化的感召力和凝聚力,在全社会形成良好的道德氛围,使我们的社会更加和谐。

### 三、"兼爱"的精神内核,有利于构建人与自然关系的和谐

和谐社会包括人与自然关系相互协调发展。当今的世界,由于人类一度滥用改变自然的能力,出现了严重的生态破坏和环境污染,面临着资源、环境和生态的危机。其中,生态问题日益具有全球性的特点。全球气候变化、温室效应、臭氧层破坏、酸雨、物种灭绝、土地沙漠化、森林锐减、海洋污染、野生物种减少、热带雨林减少、土壤侵蚀以及越境污染等大范围的全球性生态危机时常出现,严重威胁着全人类的生存和发展。我国同样面临着人与自然不和谐的问题:挥霍资源,污染环境,使人口膨胀,资源在枯竭,物种在消失,森林在萎缩,草原在退化,耕地变荒漠,河水污染,空气渐浑浊等。

墨子的和谐精神也体现在人与自然关系和谐方面,墨子在"兼爱"的基础上,提出爱者利人:

"此之我所爱,兼而爱之;我所利,兼而利之。爱人者此为博焉,利人者此为厚焉。'故使贵为天子,富有天下,业万世子孙,传称其善,方施天下"。(《墨子·天志上》)

由此进一步阐明,利人者就要做到"节用","圣人之所俭节也,小人之所淫佚也。俭节则昌,淫佚则亡"(《墨子·节用》)。因此,墨者自称"量腹而食,度身而衣,"墨子的弟子在墨子门下穿"短褐之衣",吃"藜藿之羹"。墨子节用思想在当今社会构建人

与自然关系和谐方面有着十分重要的意义,而且对培养中华民族勤俭节约的美德有供了智慧的源泉。

党的十八大报告把"生态文明建设"提升到"五位一体"总布局的高度,并提出"美丽中国"概念。党的十九大报告把"坚持人与自然和谐共生"作为新时代坚持和发展中国特色社会主义的基本方略之一。生态文明建设功在当代、利在千秋。我们要牢固树立社会主义生态文明观,推动形成人与自然和谐发展现代化建设新格局。由此,我们应该在可持续发展的前提下,贯彻落实科学发展观,选择一条理性发展的道路,党中央提出"节约型社会"的主张,正是用来正确处理好经济建设、人口增长、环境保护和资源合理利用的关系,以达到人与自然的和谐,做到经济、社会的可持续发展。故此,走节约型社是保证人与自然和谐的途径。墨子"节用"的主张在今天仍有借鉴的价值意义。

首先,树立人与自然和谐共处的意识,就是强调在生活中尊重自然,合理开发,创造优美宜居的生活环境,将保护自然资源、享受自然生态融入人的日常生活中去,实现人的生活与自然环境的相互交融、良性循环。以往的生活观念都是强调自然是日常生活的资源,偏重对物质资料的生活享受,而当代健康生活观则将自然与生活相结合,将保护自然环境与利用自然资源看作同等重要的生活内容。人们不仅在改造自然的过程中实现自身的发展,而且在保护自然的过程中实现自身的价值,不仅重视对自然资源的物质的生活享受,而且重视对自然环境的审美的生活享受。这实际上具有了不同以往的全新的生活内容,提出了一种全新的生活方式。

其次,"节用",有助于生态环境的保护。人类运用科学技术

创造了大量的物质财富,但同时也对生态环境造成了极大的破坏。人类生存的环境只有一个,当美丽舒适的自然环境因过度开采自然资源而改变时,人类自身的生存状态实际上正在受到人类自身的威胁。因此,保护地球,和自然必须和谐发展已经刻不容缓。我们在追求经济利益的同时带来的却是更多的经济利益的损失。党中央提出"节约型社会"的主张,正是用来正确处理好经济建设、人口增长、环境保护和资源合理利用的关系,以达到人与自然的和谐,做到经济、社会的可持续发展。故此,走节约型社是保证人与自然和谐的途径。

再次,转变生活观念和消费方式。我们现在提倡节俭,一个重要方面就是要节制人的物质欲望以减少对生态环境的破坏,协调人与自然的关系。特别是我国,人口众多,而自然资源相对不足,在这种情况下,提倡节俭的意义更为显著。随着我国经济的快速发展,人们的生活水平得到了极大的提高,但是,随之而来的纵欲主义、享乐主义思潮使一些人是,沉湎于灯红酒绿,纸醉金迷。结果不仅损害了身体健康而且败坏了道德品质。这种错误的生活方式和消费模式,造成了资源的极大浪费,因而是错误的消费理念。我们应提倡提倡绿色消费,文明消费,防止盲目攀比,弘扬人与自然和谐相处的核心价值观,形成尊重自然,热爱自然,善待自然的良好氛围,培养健康科学的生活方式。墨子"节用"的主张在今天仍有借鉴的价值意义。

### 四、独立自主,和而不同的世界发展观

墨子和谐精神的出发点是个体的人,由人的外延扩展到世界,可见,墨子最终要建立的是一个和谐的世界整体。对于今天的世界来说,如何达到国际关系和谐,构建和谐世界,已经成为世

界的主题。墨子的和谐最终到外延世界：

"凡回于天地之间，包于四海之内，天壤之情，阴阳之和，莫不有也，虽至圣不能更也。何以知其然？圣人有传：天地也，则曰上下；四时也，则曰阴阳；人情也，则曰男女；禽兽也，则曰牝牡雌雄也。真天壤之情，虽有先王不能更也。"(《墨子·辞过》)

墨家和谐世界论的基本范畴是"和"与"兼"。"和"是对立和谐，"兼"是整体兼容。对立和谐与整体兼容，是墨家和谐世界论的主要观点。墨子之和，贯穿于全部墨子思想之中，墨子和谐精神就是和谐的世界关系。

在我国历史上，墨子是第一位明确反对侵略战争的人。墨子所"非"的，是"攻"不是"战"。换句话说，墨子揭露了战争的破坏性和残酷性，反对的是侵略战争，这是非常有必要的。

近年来由于某些国家的霸权主义和强权政治，造成了新的国家和地区被卷入到了战争的漩涡之中，民族、宗教引发的冲突愈演愈烈；恐怖与反恐怖的斗争相互交替。和谐社会不单单指出本国的发展，同时，也是针对整个世界发出的一种"和谐"理念，它是从人类发展的和平愿望出发，去建设一个持久和平、共同繁荣的和谐世界。和谐社会指出了世界未来发展的基本规律——和睦相处、和谐共生，是国与国和谐相处的一种状态，从而改变国与国之间战乱不断，人民贫穷、饥饿的悲惨境遇。在国际立场上，我国始终坚持和平共处五项原则，各国的事情应由各国人民自己决定，世界上的事情应由各国平等协商，求同存异，以维护世界和平，创造安宁、幸福的环境。

一方面，"兼爱"基础上的"非攻"，首先有助于维护世界的和平。"和谐世界"理念在国家安全方面的理论内涵，就是要致力于实现各国的和谐安全，以实现建立和谐世界的目标。没有和平就

没有发展，而没有了和平与发展，也就永远不会实现共同繁荣的总体目标。墨子倡导"兼相爱，交相利"的"非攻"思想，应"视人之国若其国""以义名立于天下"。墨子的"非攻"思想具有普遍的真理意义。对于墨子的许多观点包括其核心思想兼爱都曾受到非难，甚至受到了儒家的猛烈抨击，但对于墨家的"非攻"主张，却很少有人提出非议。孟子是攻击墨子思想最卖力的人，但他对墨子的"非攻"也毫无微词，而且他的一些反战言论及"王霸""仁政""民本"思想都显然受到了墨子"非攻"思想的影响。孟子也曾明确提出"春秋无义战"。墨子的"非攻"主张和反对侵略保卫和平的实践活动得到当时人民的拥护和赞扬。

另一方面，"兼爱"有助于营造和谐的世界氛围。墨子和谐思想并不因社会的发展而失去其意义，只有不同民族"兼爱非攻"才能使世界和谐发展。另外，他的"明鬼""天志""尚贤"等思想也非常重要，同样暗含着丰富的"和谐"观，值得我们进一步的探究。墨子的和谐社会思想中有诸多闪光点，例如发展社会生产、满足人们物质需求的思想；反对奢侈腐化、提倡节俭的思想；反对社会贫富分化、主张保障劳动者的基本生活条件的。徐州师范大学的梅良勇教授认为墨子和谐世界思想的积极意义在于，从义利辩证关系出发，侧重于宗教伦理角度，为我们建设和谐世界提供有益的借鉴与启示。墨子在继承中华民族文化传统重视"和"的思想的基础上，在宇宙论意义上提出了宇宙之"天地和"的应有之态，提出了实现"天下和，庶民阜"的天下世界之最高理想诉求。在全球一体化的今天，面对日益盛行的极端个人主义和狭隘民族主义或国家至上主义，重新诠释墨家的"兼爱"精神，在哲学、政治学、社会学等诸多领域均具有重要意义。

# 第四章　墨子的教育精神

作为春秋战国时期伟大的思想家和教育家,墨子在教育目的、教育对象及教育理念方面独树一帜,提出了一整套独特的教育理论,构建了相当完备的思想体系,不仅开创了新的教育领域,而且在以人为本、实现教育公平、创办特色学校、培养创新能力方面为现代高等教育提供了理论依据,具有重要的启示和借鉴作用。

## 第一节　墨子教育精神的独特性

墨子的思想学说博大精深,其思想的独特价值和科学的内涵尤其体现在教育的诸观点之中:墨子突破了儒家的六艺教育范畴,在教育目的方面,提出以人为本,强调道德的重要性;在教育对象方面,扩大了教育的范围;在教育方法方面,注重力行,独树一帜地提出"强说人"的教师主动精神;教育理念上,注重科学精神与创新能力的培养,表现出非凡的创造性。重新梳理墨子教育精神,不仅在理论和实践上研究我国古代的教育思想,而且为我国高等教育提供重要的理论依据和智慧资源。

# 第四章 墨子的教育精神

## 一、墨子教育精神的出发点

墨子生活在中国社会剧烈变革的战国时代,处于诸侯纷争,社会动荡"社稷无常奉,君臣无常位"的局面。如何制止征战,安定政治,使人民得以休养生息,作为平民代言人的墨子十分重视教育,认为教育是实现社会理想的手段,主张通过教育来培养平等爱人、兼爱天下的"兼士","以兼易别",从而达到"兴天下之利,除天下之害"(《墨子·兼爱下》)的目的,构建一个民众平等互助的理想社会。墨子的教育思想,是针对当时春秋战国时期的社会而产生的,为当时培养了大量的具有理论基础和实际工作能力的优秀人才,对社会的发展起到了推动作用。台湾学者陈维德先生的《墨子教育思想研究》中称:墨子之学,救世之学,墨子之教育思想,皆所以挽颓世,针末俗之方也。

## 二、墨子教育思想的独特性

(一)教育目的独特性:培养"兼士",重视道德教育,实现教育治国的价值取向。

墨子关于教育目的的认识有一部分内容相似于儒家即教育为社会与政治服务,但是其观点却有着独到之处:墨子的教育目标是培养"兴万民之利"的"兼士",以备担当治国利民、兼爱相利的职责,成为"兴天下之利,除天下害"的人。这种人才必须具备深厚的道德涵养、符合逻辑的言谈举止和宽广深厚的理论功底,"辩乎言谈,厚乎德行,博乎道术"(《墨子·尚贤上》),其中,"厚乎德行"为"兼士"之首要,突显墨子对道德品行之重视。"德行"是兼士的内在品质,"源浊者流不清,名誉不可虚假,反之身者

也。"(《墨子·修身》)墨子指出品行比名誉重要得多,而且强调名誉不能是虚置的,必须与品行相称,才能算作有德之人,这种德行是"兼爱"思想的一种表现。

同时,墨子把教育与生产劳动相结合,以天下百姓的衣食住行等现实利益作为教育教学的立足点,其教育终极目的是"兴天下之利,除天下之害"(《墨子·兼爱下》)。因此,"义"成为墨子的教育取向,懂得义的人就应该"有力者疾以助人,有财者勉以分人",从最根本、最实在的社会问题入手,力求解决百姓"暖衣饱食"的现实需要,追求一种理想的社会制度,即"则刑政治、万民和,国家富,财用足,百姓皆得暖衣饱食,便(安)宁无忧"。(《墨子·天志中》)这种社会理想彰显墨子教育观治国的理念。可见,墨子的教育思想是倡导以民为本,以培养贤士为目标,强调德行的修养。

(二)教育对象的独特性:"有道相教""农与工肆之人同举"的教育对象,突显平民教育虽然孔子倡导有教无类,但是他在收弟子还是有条件的"自行束脩以上,吾未尝无诲焉。"与之相比,墨子则主张人人在接受教育的权利上应该是平等的,提出不仅把"王公大人"当作教育的对象,而且还把"匹夫徒步之士"当作教育对象,做到"有道者劝以相教"(《墨子·天志中》)。墨子的"农与工肆之人同举"体现了对教育对象的出身、天性、资质以及受教前的品行并无规定,较之儒家"有教无类"更为彻底,墨子将教育对象扩大到整个人类社会。这种教育思想虽在当时难以实现,却显示了墨子的独特思维与教育公平的教育观,突显平民教育的特点。

(三)教育内容的独特性:"能谈辩者谈辩,能说书者说书,能

从事者从事",创办特色教育

墨子精通儒家的"六艺",除政治道德教育及文史教育外,他又突破"六艺"教育范畴,在教育内容上突显出非凡的创造性。首先,墨子的教育内容具有鲜明的科学色彩,从生产劳动和实践中概括提炼出自然科学知识纳入了教育内容之中,墨子的科学技术教育内容广泛,涉及数学、几何学、力学、光学等学科,主要集中在《墨子》的《经上》。因此,科技的教育成为墨家教育重要的内容。其次,增加科技军事和科技器械生产及逻辑学知识。墨子学团是具有高度组织性和纪律性的学术性的团体,墨子把普通匠人的技艺上升到科技的水平,把总结出来的科技知识又融入墨家的教学中去,并利用些知识制造军事器械投入使用,如云梯、车、飞鸢等,现存《墨子》一书中的《经》比较全面地介绍了军事教育内容和许多新的器械工具。再次,把自然作为研究对象,重视人与自然的关系,提出逻辑学知识。墨子不仅研究人与人之间的关系,而且将自然作为他的研究对象,墨子不仅注重《诗》《书》《春秋》等文史知识的学习,而且墨子是中国教育史上首次提出了逻辑思维能力的学习和培养。他认为学习知识重在明察事物所蕴含的道理,重视逻辑思维能力的培养,"事无终始,无务多业;举物而暗,无务博闻"(《墨子·修身》)。

由此可见,墨子的教育内容从"能谈辩者谈辩,能说书者说书,能从事者从事,然后义事可成也。"以"谈辩""说书""从事"的三层面体现了职业教育的内容,强调出办学的特色。墨子这些教育思想具有超越其时代的风格。

(四)教育理念的独特性:"强力而行""不扣必鸣""述而且作"的教育理念,倡导主动实践精神及创新意识

在教育理念层面上,墨子更是一枝独秀,他突破了儒家"叩则鸣,不叩则不鸣"消极等待的教育态度,主张"强说人"的教育理念。墨子指出对于重要问题,即使学生不来请教,教师也应当施之以教诲,"虽不叩,必鸣者也。"(《墨子·公孟》),这种"虽不扣必鸣"的主动精神,体现了教师在教学中发挥主导作用的合理内核,有利于教学效果提高,师生关系更紧密,教学气氛更活泼。同时,墨子在教育理念上有极大的创造性,他提倡"述而且作"的创新精神,反对孔子的"述而不,信而好古"保守性,墨子认为不仅应该继承文化精粹,而且还要创造出当今新的东西,使善的东西日益增多。墨子的这种教育理念在诸子百家中是首屈一指的,对于中华民族自强不息的主动实践精神和创新精神的培养与形成,做出了卓越而独特的贡献。

## 第二节 墨子教育精神的独特性对现代高等教育的启示

科教兴国战略的今天,社会不仅需要大量的科技人才,也更需要德才兼备的建设者。在新的历史时期,墨子教育精神的独特性作为一种教育资源,为高等教育提供了重要的参考价值和现实意义。

### 一、以育人为本,德育为先

培养全面发展的人是现在和未来教育的根本问题,而实现全面发展的唯一途径是教育与生产劳动相结合。关于生产劳动有许多精辟的论述在墨子教育思想中充分体现,他要求弟子不仅成为具备技艺和各种专业知识的实干人才,而且还要成为高尚道德情操的"兼士",以实现教育治国的目标。可以说,墨子的生产观已经初步具有了通过教育与生产劳动结合的方式来,形成其具有"兼爱""交利"品质的"兼士"之教育目的有效途径的思想萌芽,这既是墨家教育的特色,又是墨子教育思想具有现代价值的优秀历史遗产,而且对当今的高等教育也有启迪作用和借鉴意义。

目前,高等教育过分强调社会发展对教育的制约性以及教育为社会发展服务的职能,高等教育的工具性被扩大,高等教育越来越专业化,其培养目标越来越强调实用部分,而人的全面发展则受到冷落,在一定意义上高等教育培养出来的是片面发展的、工具化了的人,而不是全面发展的人、自由的人,忽视了教育作为培养人的活动与其他社会活动的不同,忽视了教育还要适应青少年身心发展规律并促进其身心全面、持续、和谐发展的目标。因此,时代的发展要求高等教育必须尊重自身的主体性,坚持以人为本,把德育放在首位,深入开展爱国主义、理想信念、公民道德、国防教育建设等教育活动,有力拓展了大学生德育的广度和深度。同时,正确引导大学生根据个人的需要和发展充分自由地选择自己的行为方式,才能更有针对性地开发出自己的潜能资源,才能真正成为自身的主人,实现真正意义上的全面发展。

## 二、实现教育公平,优化高等教育

墨子是"中国的革命教育家",其革命性在于敢于革弊立新,突破了当时森严的等级制度界限,扩大了教育范围与教育对象,墨子期望挖掘出蕴藏在民众深处的力量来消除社会的不平等,有助于全方位地推动教育事业的发展,也有助于消除长久存在的教

育歧视、教育差别、剥削意识等许多不良的社会现象,从而反映了平民意愿,体现了教育公平。同时,墨子认为,最重要的是培养什么人和如何提高人的素质,这些最富有现实意义,对于当代的高等教育改革大有益处。

目前,我国高等教育已进入大众化教育阶段。高等教育大众化虽然使大众受高等教育的机会所增加,但是增加的机会并不是对所有人都是相同的。由于各种因素的差异性使教育资源的配给,在东西部地区之间、在平民阶层和特殊阶层、在地方高校和重点大学之间距离在拉大、差异更悬殊,也就是说高等教育大众化本身并未消除不平等,仍存在教育公平的问题。因此,要改变这种现状,使高等教育成为"平民大学",要求社会给予全体社会成员自由、平等地选择和分享各层次高等教育资源。让公民有机会获得适合个人条件特点的高等教育,就应该做到资源与权利层面上追求公平公正,在意识与人格层面上培养公民意识和健全人格。大学的主旋律是"育人",高等教育应当通过对大学生人格的培养,不仅要以德性的发展为内涵,还要重视其个性的解放及其知识、才能、体魄等多方面素质的全面发展,引导大学生在社会生活中保持健康平和、不卑不亢的心态,愿意并有能力融入社会、服务社会,具有合作意识和协作精神,从而全面提高全民素质,使大学生以一种自由、平等、尊重、宽容的理性态度来实现与他人关系的合作与协调,自觉肩负起建设人类社会的责任与使命。

## 三、树立特色教育的理念,创办特色学校

在两千多年前,墨子重视劳动技能和自然科学知识教育的特色,在当时赢得了劳动人民的广泛支持,形成"能谈辩者谈辩,能

说书者说书,能从事者从事"的职业教育,因此,墨子以与众不同的办学特色傲视群雄,卓然而立。当今的高等教育同样处于竞争激烈的时代,如何在优胜劣汰的残酷局面中脱颖而出,墨子的特色教育为其提供了智慧资源。

高等教育不仅要培养数以千万的高科技研究人才,而且要培养数以亿计的高素质劳动者。因此,高等教育必须树立"以质量求生存,以特色促发展"的办学思路,不断丰富和发展办学理念,与社会密切联系,直接服务社会,创办具有鲜明的特色大学。首先,创办区域特色的高等教育。各地方政府应根据自身实际,根据本地区经济建设和社会发展的要求办好特色专业,充分发挥本地区有利条件,使它具有多样性、开放性、外向性并与国际接轨的地区高等教育特色;其次,创办学校特色的高等教育。各级各类型的高校应根据各自不同情况,应本着实事求是、优化配置、合理布局的原则,不应盲目追求多学科、大规模的综合性办学模式,而是合理配置自身的教育资源,对学校布局进行调整,创办符合自己特色的高等教育,通过培育自己的专业大师、专业亮点和专业优势,以自己的亮点、优势打造品牌,提升自己的实力,形成核心竞争力。

### 四、重视主动实践,培养创新能力

墨子是一个敢于创新的践行者,"强力而行""不扣必鸣""述而且作"是他在教育理念上突出的贡献,这种教育理念倡导主动精神及创新意识,为教育界开创先河,值得现代的高等教育研究与借鉴。

知识经济就是创新经济,人力资源是建设创新型国家的根

本。高校的首要职能和根本价值体现在于人才尤其是创新型人才的培养。事实上,在应试教育的背景下,我国高校长期的被动教育模式导致学生较为普遍地存在"思维模式化",缺乏构建学生主动参与的多维实践平台和实践的激励机制,缺乏激发实践活动主体(学生)的主动性和师生教学互动、理论与实践互动、学校与社会互动的作用。当前的高校并非不重视大学生创新能力的培养,"主动、实践、创新"的教育理念在大学教育中没有引起足够重视。因此,高校要培养出大批量的合格人才,应当借鉴墨子创新的教育理念:"不扣必鸣"强调了教师在教学中的主体地位,高校可充分发挥教师的主动性和积极性,倡导教师强力教学,诲人不倦;"述而且作"的创新精神是通过主动实践去搭建各种实践平台,把学生纳入各种具体地教学环境与实践过程中,学生不再是一个被动的接受者而是活动的主体,学生的主动创新与实践潜力得到有效的激活和发挥,合作意识和组织能力得到增强,从而培养创新意识和创新能力。由此,高等教育应借鉴墨子独特的教育理念,采用多种途径和方式创建促使学生主动参与的教育环境和氛围,形成以学生为主体的、基于主动实践的创新能力培养模式,才能更好地实现21世纪创新人才的培养目标。

墨子质疑权威,敢为人先,运用独特的教育思想,形成了与众不同的办学特色,其倡导主动精神及创新意识,为教育界开创先河,墨家后学"显荣于天下者众矣",不能不归功于墨子独特教育思想的巨大感召量。墨子教育思想的独特性是在长期教育实践中逐步积累起来的优秀历史遗产,不仅在古代教育史上有独特的价值,而且今天仍然能为现代的高等教育提供重要的借鉴意义。

## 第三节　墨子的职业教育精神

春秋战国时期,在"百花齐放,百家争鸣"的学术环境中,墨子不仅重视文史知识的学习及逻辑思维能力的培养,还重视自然科学技术的教育,更强调实用技术的传习。墨子把劳动和学习结合起来,使其弟子受到了很好的劳动职业训练,使他们掌握一门或多门劳动技能和生产经验,充分体现了古代职业教育的思想。可以说,早在两千多年前,职业教育最突出、最典型的莫过于墨子和墨家学派。墨子是在教育方面颇有建树,特别是在职业教育上更是有着精妙独到的见解。对墨子的职业教育精神进行梳理和探究,不仅可以了解我国古代职业教育理念,而且在理论和实践上对当今我国职业教育的发展有着重大的借鉴意义。

### 一、墨子职业教育精神产生的背景

春秋战国时期,不仅是中国奴隶制度向封建制转变的社会大变革阶段,而且还是中国文化繁荣、思想活跃的黄金时期,这为古代职业教育思想的产生奠定了社会及理论两方面的基础。

社会方面:战国初期,由于铁器代替了青铜器,开始广泛使用于农耕及其他方面,铁犁和牛耕相结合,极大地提高了农业生产力,促进了社会的发展:私营工商业、家庭手工业已经和官营工商业并驾齐驱,工官逐渐失去了原有的职位,工奴也逐渐得到解放,原来由官府、宗族控制的工商业者转化为独立的手工业者,因此,原来对奴隶主人身依附很强的奴隶渐渐变成人身相对独立的手工业者,个体劳动者人数不断增多。同时,专门从事学术文化的

知识分子,即"士"阶层的形成,其范围不断扩大,士的崛起有两种类型,原属王官的知识阶层下移和原为下层士人的上升,即官学下移,文化下移,平民入仕成为一股潮流。这些人士的出现,为古代职业教育思想的产生提供了社会土壤。

理论方面:随着私塾的出现,使"学在官府"的格局被打破,各学派的教育家都提出了自己的主张,这为古代职业教育思想的产生奠定了理论基础。孔子反对弟子樊迟学稼圃,倡导"学而优则仕",通过举荐弟子入仕,强调了政治职业教育。管子最早提出士、农、工、商分业教育,完全朝着社会化职业教育方向发展。由庶民上升而成为士的墨子,是当时高明的工匠和杰出的机械制造家,他招收的门徒多出身于"农与工肆之人",墨子与弟子直接从事生产劳动。因此,墨子提倡"凡天下群百工:轮、工、鲍、陶、冶、梓、匠,使各从事其所能"(《墨子·非乐》),主张社会成员要参加社会的生产劳动,因材施教,才能发挥他们的一技之长,从而促进生产的发展。可见,与其他学派相比,墨子更强调职业技术方面的教育,这种职业教育大众化颇具时代的特色。

## 二、墨子职业教育的思想内容

(一)强调德行的修养,重视文史知识的学习及逻辑思维能力的培养。

墨子为实现"兼相爱,交相利"的理想,主张培养能担当治国利民职责的"兼士",即"贤人政治"或"仁政德治"的人才。这种人才必须具有深厚的道德涵养、符合逻辑的言谈举止和深厚的理论功底,即"厚乎德行""辩乎言谈""博乎道术",这三条标准就是墨子对"兼士"基本要求。因此,墨子的职业教育,倡导以民为本,

以培养贤士为目标,强调德行的修养,重视文史知识的学习及逻辑思维能力的培养。

"兼士"的培养目标决定了墨子职业教育内容的广泛。首先,涉及的是道德方面,墨子认为"厚乎德行"是人才培养的首位,这种德行是"兼爱"思想的一种表现。"君子察迩而迩修者也;见不修行见毁,而反之身者也,此以怨省而行修矣。"(《墨子·修身》)墨子指出,君子能明察左右,左右之人也就能修养自己的品行。君子不能修养自己的品行而受人诋毁,就应当自我反省,从而怨少而品德日修。同时,墨子指出"志不强者智不达"(《墨子·修身》),他还非常重视勤劳和节俭的美德教育,"俭节则昌,淫佚则亡"(《墨子·辞过》),墨子本人也做到了"日夜不休,以自苦为极",以身作则,不贪图享受,苦心苦行而励志。可见道德教育是墨子职业教育的重要内容。

在学习中,除了重视文史知识的学习,墨子更强调学生"思辩"教育的培养,墨子在中国教育史上首次提出了逻辑思维能力和自然科学知识的学习。墨子提倡理论的正确性和准确性,他认为学习知识重在明察事物所蕴含的道理,重视逻辑思维能力的培养。"事无终始,无务多业;举物而暗,无务博闻"(《墨子·修身》),墨子指出学习中要注意博与约的结合。墨家的"辩"学,就是今天的逻辑学,墨子重视学生的论辩才能和逻辑思维的培养方面,强调形式逻辑、归纳和演绎相结合,要求学生要"察类"、还要"明故",并把假言推理、选言推理和归纳并联例使用,讲求以理服人,追求"思辩"技巧,言行有据。他自己擅长于"辩",并用"辩"来启发、教育学生。

(二)重视自然科学技术的职业教育,实行分科教学

与其他学派相比,墨家创造了许多带有职业教育性质的科技

成果,其科学知识之丰富是独一无二,如在几何学、光学、力学和机械制造等方面均有突出的成就,形成了一整套理论化的知识体系。墨子讲学授徒时,把在科学研究活动中引入了实验环节,通过实地演示来进行教学,帮助学生更好地理解所学知识,教会学生运用自然科技知识指导实践,又使学生在实践中得到新的科学知识。墨子所进行的自然科技教育,注重发挥学生思维,用逻辑思维来辨析明理,注重实用与实践。

胡适曾说:"墨家论知识,注重经验,注重推论"。墨家学派是先秦诸子百家唯一具有科学意识的学派,墨子强调自然科学知识和生产、军事科学技术知识的教育,目的在于帮助"兼士"获得"各从事其所能"的实际本领。因此,墨家学说教给学生实用的知识和技能:"能谈辩者谈辩,能说书者说书,能从事者从事,然后义事成也。"(《墨子·耕柱》)墨家的弟子也确实朝这三个方向发展。在传授自然科学技术的教育过程中,墨子重视分科教学,"凡天下群百工:轮、工、鲍、陶、冶、梓、匠,使各从事其所能。"(《墨子·非乐》)"譬若筑墙,能筑者筑,能实壤者实壤,能欣者欣"(《墨子·耕柱》),分科教学的好处就是可以让学生们专精一科或一门,握一些具体的技能,更好地为社会提供专业人才。

(三)强调实用职业技术的传习,培养创新精神与动手能力。

墨子是位很重视实效的教育家,特别强调要学以致用,理论结合实践,着重实践力行。因此,墨子批判儒家"述而不作""击而鸣之"思想,倡导"述而有作""不扣必鸣"的创新精神。

创新必须立足于实践。墨子提出"合其志功而观焉",志就是目的,功就是效果,主张以目的和效果的统一去评价一个人的行动,"学"的目的是"行",即"士虽有学,而行为本焉"。墨子明确指出,只有在实践活动中才能获取真正的知识,教育学生不仅要学思并重,而且要理论联系实际,做到真正的学以致用。墨家弟子被推荐到各国从事不同职位的工作,都基本能胜任,就是墨子学以致用思想及实践的体现。

墨子精通"六艺",同时他又突破"六艺"教育,增加科技军事和科技器械生产等职业教育本身就是一种创新。墨子及其弟子不但直接参与生产劳动,练就高超技艺,而且从生产实践中探索有价值的经验,并将这些经验知识与技能作为教学内容的同时,生产制造出许多新的器械工具。在生产实践中,墨子重视实用技术的传习,强调了分工与专业技能在社会生产和生活中的作用,指出"譬若筑墙,能筑者筑,能实壤者实壤,能欣者欣"(《墨子·耕柱》)。墨子还提出量力而行的职业教育思想,"夫知者,必量其力所能至而从焉。"(《墨子·公孟》)主张教学要适应学身心的特点,量力而行,教育者要因人而异。墨子正是要求弟子根据自己的能力选择具体科目的同时,广泛地参与生产实践,墨子还教会弟子面对各种问题,善于总结,勇于创新。墨子为社会培养出一大批各科专门人才的同时,也为古代的专业技术教育指明了方向。

## 第四节 墨子职业教育精神的现代价值

当前,我国正处在加速工业化、城镇化和现代化的关键时期,人才培养必然越来越重视职业化的趋势,过去备受社会冷落的高职高专的毕业生,如今正逐渐成为各个领域紧缺的技能型人才,

逐渐变成了市场上的"香饽饽",高等职业教育正在赢得社会认同。大力发展职业教育尤其是高等职业教育,对于促进经济发展、扩大就业规模、提高劳动力质量具有特别重要的意义。教育部在《教育部关于以就业为导向深化高等职业教育改革的若干意见》中明确提出,高等职业教育要坚持培养面向生产、建设、管理、服务等一线需要的"下得去、留得住、用得上",实践能力强,具有良好职业道德的高技能型人才。可见,现代高等职业教育思想与墨子职业教育思想有相似的契合点,我们应当把墨子职业教育思想与新时代结合,在新的历史条件下显现出新的生命力,彰显出独特的魅力,为现代职业教育提供智慧资源。

### 一、培养良好的职业道德,提高职业素养

近年来,高等职业教育在教育目标上的功利化倾向受到了较多的批评,人们从历史的角度审视职业教育发展缺失,并认识到高职教育在满足社会功利化需求的同时不能缺少德育教育。许多企业、公司明确提出需要的人才首先是具备德,其次是才和能,这就说明了高等职业教育中职业道德教育的重要性。

墨子在构建"兼相爱,交相利"的职业教育理念中,首先强调的是"厚乎德行",这种德行以"兼爱"为核心,要求用爱的理念对待职业技术教育,强调爱他人、爱国、爱和平的同时,职业服务的对象应该不分亲疏、贫富、国别,对伙伴也应该真诚、关爱,做到技术应用利国利民,才能"交互利"。

从墨子职业教育理念的维度审视我国当前的职业教育:长期以来,由于高职教育在人才培养目标上具有功利主义取向,往往只注重学生专业技能操作,忽视学生基本素质的养成,使得德育

教育没有得到应有的重视。作为一种有目的的培养人的活动,高等职业教育本来就应该是一种人的教育。因此,高等职业教育中的职业道德教育是高等职业教育的重要组成部分,在新形势下,高职院校必须摒弃功利主义价值观,转变职业教育是"技术教育"的偏见和培养"工具人"的目标取向。要培养全面发展的"职业人",首先要加强德育教育,让学生了解自己、认识社会、懂得生活意义和人生价值,磨炼自己的意志,用爱的理念服务于社会、服务于他人,而不是只懂技术片面发展的"工具人"。可见,当前高等职业教育的职业道德教育的任务是,增强高职学生的职业意识,遵守职业规范;重视技能训练,提高职业素养。

## 二、注重生产知识技能教育,培养专业型人才

在教育过程中,墨子非常重视自然科学知识的传授和劳动技能、生产技术的训练,在很多领域里开启了中国乃至世界科技之先河。"能谈辩者谈辩,能说书者说书,能从事者从事,然后义事成也。譬若筑墙,能筑者筑,能实壤者实壤,能欣者欣"(《墨子·耕柱》),墨子没有固守培育全才、通才的教育目的,而是贯彻执行培养适应社会需要专业人才的职业教育原则,要求弟子根据自身的条件选择具体科目,使他们学有专长,从而为社会培养出许多专业人才。在这种职业教育理念指导下,墨家后学出现许多掌握军械制造和手工工艺的专家,正是分科教学所产生的专业型人才的体现。

现代社会需要的人才总体上可以分为理论型,应用型,技术型和技能型四种。其中,技术型人才是在生产第一线或工作现场从事为社会谋取直接利益的工作,这类型人才应当具备宽广领域

的技术理论基础,主要掌握熟练的操作技能以及必要的专业知识。因此,培养综合职业素质较高、职业发展能力较强的应用型高等技术专业人才是高等职业教育的主要任务。首先,要有合理专业知识结构。这种专业知识结构既要有专业的针对性,又要有就业弹性带来的适应性,它应当随着岗位内涵的变化而调整自身的工作活力,并具有本专业的可持续学习的基础。其次,要具有较强的专业应用能力,高等职业教育培养的人才,应当具有较强的现场指挥、协调能力,综合运用能力,处理突发事件的应变能力和心理承受能力等。

### 三、参与实践,重视个性发展,培养创新人才

春秋战国时期,墨子就提出了通过实践与理论相结合的原则来培养人才,重视学生个性的发展,倡导创新精神,如此一来,与同时代其他学派所培养的弟子相比,墨家弟子更能适应社会的需要。

职业教育不仅是培养生产、建设、服务和管理第一线技术应用型专门人才和熟练劳动者的教育,而且还使学生的兴趣、爱好、特长及愿望等个性得到充分的发展,是一种个性发展的教育。因此,职业教育强调理论和实践相结合,学以致用,在实践教学中把现代生产技术、服务理念,实践中的新技术、新工艺、新知识不断引入教学实践中,不仅让学生学习劳动技能,加强学生的能力训练和技能培训,而且注重培养学生的创新精神与能力,引导学生积极投入生产实践,不断学会改进技术和工艺,把知识转化用于生产力。其次,促进学生富有个性的全面发展。职业教育除了培养学生动作技能,还要开发学生的心智技能,让学生有更多的时

间和空间发展自己的个性,并开发人的潜能,从而形成创新能力和创业能力等多种能力。

墨子"与其劳者获其实"的劳动观念教育思想,明确指出知识、经验源于劳动实践,强调了实践的重要性;"言信行果""不扣必鸣"的指导方针,充分体现墨子积极参与实践的主动性及积极性;"必量其力所能至,而从事焉"体现了墨子重视学生个性的发展;"述而且作"的教育理念,展现了墨子意图培养创新型人才。可见,墨子这些职业教育思想中的现代内容,不仅在古代教育史上有独特的价值,今天仍然能为我们提供多方面的借鉴,对现代职业教育有极大的启示。

# 参 考 文 献

（一）著作类：

[1]孙诒让.墨子间诂[M].北京:中华书局,2001.

[2]张永义.墨子苦行与救世[M].广州:广东人民出版社,1996.

[3]周才珠,齐瑞端.墨子全译[M].贵阳:贵州人民出版社,1995.

[4]杨伯峻.论语译注[M]北京:中华书局,1980.

[5]诸子集成[M]上海:上海书店出版社,1986.

[6]冯友兰.中国哲学史[M].上海:华东师范大学出版社,2000.

[7]余英时,士与中国文化[M].上海:上海人民出版社,1987.

[8]李泽厚.中国古代思想史论[M].北京:人民出版社,1986.

[9]韦政通.中国思想史[M].台北:水牛出版社,1986.

[10]郑杰文.中国墨学通史[M].北京:人民出版社,2006.

[11]汤一介编.中国宗教:过去与现在[M].北京:北京大学出版社,1992.

[12]蔡尚思.十家论墨[M].上海:上海人民出版社2004.

[13]徐复观.中国人性论史(先秦篇)[M].上海:上海三联书店,2001.

[14]胡子宗等墨子思想研究[M]北京:人民出版社,2007.

[15]孙中原.墨子及其后学[M].北京:新华出版社,1991.

[16]孙中原(主编).墨学与现代文化[M].北京:中国广播电视出版社,1998.

[17]崔清国.显学重光[M].沈阳:辽宁教育出版社,1997.

[18]邢兆良.墨子评传[M].南京:南京大学出版社,1995.

[19]任继愈.墨子[M].上海:上海人民出版社,1956.

[20]谭家健.墨子研究[M].贵阳:贵州教育出版社1992.

[21]张耀南.大人论[M].北京:北京大学出版社,2005.

[22]郑雪(主编).人格心理学[M].广州:暨南大学出版社2001.

[23]余英时.中国思想传统的现代诠释[M].南京:江苏人民出版社,1995.

[24]方同义.中国智慧的精神[M].北京:人民出版社,2003.

[25]葛兆光.中国思想史(第一卷)[M].上海:复旦大学出版社,2000.

[26]徐复观.中国艺术精神[M].上海:华东师大出版社,2001.

[27]杨俊光.墨子新论[M].南京:江苏教育出版社,1992.

[28]程梅花等.平民思想性—墨子与中国文化[M],郑州:河南大学出版社,2005.

[29]任继愈.墨子与墨家[M].北京:商务印书馆,1998.

[30]孙中原.墨者的智慧[M].北京:三联书店,1995.

[31]焦成国.传统伦理及其现代价值[M].北京:教育科学出版社,2000.

[32]夏景森.墨子菁华[M].上海:上海教育出版社,2001.

[34]梁启超.墨子学案[M].上海:上海书店,1992.

[35]李妙根.《墨子》选评[M].上海:上海古籍出版社,2005.

[36]陈少华.人格与认知[M].北京:社会科学文献出版社,2005.

[37]张晔.人格理论与塑造[M].北京:国防工业出版社,2006.

[38]张青兰.人格的现代转型与塑造[M].广州:广东人民出版社,2005.

[39]韩云波,中国侠文化:积淀与承传[M].重庆:重庆出版社,2004.

[40]田庆国等人格教育论[M]济南:山东教育出版社,2005.

[41]张立文(主编).中国学术通史(先秦篇)[M].北京:人民出版社,2004.

[42]周才珠,齐瑞端.墨子全译[M].贵阳:贵州人民出版社,1995.

[43]杨伯峻.论语译注[M]北京:中华书局,1980.

[44](宋)朱熹.四书集注[M].长沙:岳麓书社,1985.

[45][古希腊]柏拉图.理想国[M].郭斌和,张竹明译,北京:商务印书馆,1986.

[47][古希腊]亚里士多德.尼各马可伦理学[M].廖申白译,北京:商务印书馆,2003.

[48][德]马克思·韦伯.新教伦理与资本主义精神[M].彭强,黄晓京译,西安:陕西师范大学出版社,2002.

[49]汪中求.中国需要工业精神[M].北京:机械工业出版社,2012.

[50]李工真.德意志道路:现代化进程研究[M].武汉:武汉大学出版社,2005.

[51][美]弗洛姆.健全的社会[M].孙恺详译,贵阳:贵州人民出版社,1994.

(二)论文类:

[1]朱开君、冯泽英.时代变迁与理想人格的构建[J].四川师范学院学报(哲学社会科学版),2000(1).

[2]谭风雷.论墨子精神[J].中国文化研究,1994(2).

[3]范勇.试论先秦时期的理想人格[J].中华文化论坛,2003(2).

[4]娄立志.墨子理想人格的建构与实施[J].齐鲁学刊,1997(3).

[5]崔永东.试析墨子的理想人格设计[J].清华大学学报(哲学社会科学版),1994(2).

[6]曾林华.中国古代理想人格理论模型浅论[J].江西师范大学学报,1993(4).

[7]闵仕君.仁与兼:孔墨伦理思想比较[J].齐鲁学刊,2003(2).

[8]路德彬、赵杰.论墨家伦理观的真髓及其价值[J].齐鲁学刊,1992(1).

[9]薛柏成.墨家思想对中国"侠义"精神的影响[J].东北师

范大学学报,2005(5).

[10]汪涌豪.古代游侠人格特征之考究[J].殷都学刊,1995(1).

[11]张德苏.墨子"非命"与儒家的"命"[J].山东大学学报(哲学社会科学版),2005(3).

[12]吴威威.墨子的平民道德观与公民道德建设[J].唐都学刊,2005(1).

[13]张晓虎.战国社会思想与墨子宗教观的内在矛盾[J].云南社会科学,2004(6).

[14]贺更行.墨子伦理思想的历史流布与当代中国道德建设[J].道德与文明 2003(6).

[15]杨威,陈红.略论儒家理想人格的缺失及其近代转换[J].哈尔滨工业大学学报(社会科学版),2002(1).

[16]沈晓阳.论忧患意识的历史意蕴与时代特征[J].广西师范学院学报 2005(4).

[17]高乐.大学生自我意识的完善与社会责任感培育[J].吉林省教育学院学报 2008(11).

[18]刘绮婷.全球化时代职业院校学生忧患意识缺失原因分析[J].教育与职业 2008(14).